D1720622

Zuordnung der Aufgaben zu den einzelnen Test-Bereichen:

	Arithmetik	Geometrie	Sachrechnen / Textaufgaben
Lernstandstest 1	Aufgaben 1 – 9	Aufgaben 10 – 13	Aufgaben 14 – 17
Lernstandstest 2	Aufgaben 1 – 8	Aufgaben 9 – 13	Aufgaben 14 – 18
Lernstandstest 3	Aufgaben 1 – 9	Aufgaben 10 – 14	Aufgaben 15 – 20
Lernstandstest 4	Aufgaben 1 – 6	Aufgaben 7 – 11	Aufgaben 12 – 15
insgesamt	32 Test-Aufgaben Arithmetik	19 Test-Aufgaben Geometrie	19 Test-Aufgaben Sachrechen / Textaufgaben

Liebe Eltern,

in diesem Heft finden Sie vier Lernstandstests für das Fach Mathematik. Tests dieser Art werden in Grundschulen zum Ende des 3. oder zu Beginn des 4. Schuljahres in vielen Bundesländern durchgeführt.

Was sind „Lernstandstests" oder „Lernstandserhebungen"?

Zentrale Lernstandserhebungen werden inzwischen in allen Bundesländern unter verschiedenen Bezeichnungen (Vergleichsarbeiten, Orientierungsarbeiten, zentrale Deutsch- und Mathematikarbeit, Kompetenztests …) und in verschiedenen Jahrgangsstufen durchgeführt. Meist sind sie umfangreicher als übliche Tests oder Klassenarbeiten und fragen nicht den gerade geübten Stoff ab. In der Grundschule werden Lernstandstests in den Fächern Deutsch und Mathematik geschrieben.

Weshalb werden diese Tests durchgeführt?

Lernstandserhebungen an Grundschulen haben in erster Linie das Ziel, die Qualität des Unterrichts zu erfassen und zu steigern:

- Inwiefern werden verbindliche Anforderungen erfüllt?
- Erreichen die Kinder die Lernziele in einzelnen Fächern?
- Wie viele erreichen sie?
- Wo liegen Probleme?
- Wie kann der Unterricht gestaltet werden, um Probleme zu vermeiden?

Diese und andere Fragen richten sich vor allem an die Schule und die Lehrer, welche die Fächer Deutsch und Mathematik unterrichten. Es geht also nicht in erster Linie darum, ob Ihr Kind im Vergleich zu den anderen Kindern besser oder schlechter abschneidet. Im nachfolgenden Gespräch mit der Klassenlehrerin oder dem Klassenlehrer werden Sie dennoch erfahren können, in welchen Bereichen Ihr Kind besonders erfolgreich arbeitet oder aber zusätzlich gefördert werden sollte.

Aufbau des Heftes

- Jeder der vier Tests enthält unterschiedlich viele Aufgaben zu den Bereichen Arithmetik, Geometrie und Textaufgaben. Eine Übersicht im Inhaltsverzeichnis zeigt Ihnen die Aufgabenverteilung. Ihr Kind kann bei Bedarf z. B. ganz gezielt nur den Bereich Textaufgaben bearbeiten.
- Die Tests können in einer beliebigen Reihenfolge bearbeitet werden. Auch bei der Aufgabenabfolge kann Ihr Kind selbst entscheiden.
- Alle Aufgaben können von Ihrem Kind selbstständig bearbeitet und anhand der ausführlichen Lösungen kontrolliert werden.

Inwieweit kann vorbereitendes Üben mit diesem Heft nützlich sein?

Lernstandstests stellen Schüler, Lehrer und Eltern vor eine neue Herausforderung, die mit Verunsicherungen verbunden sein kann. In manchen Tests werden Schüler mit neuen Aufgabenformaten konfrontiert. Hinzu kommt, dass diese oft umfangreichen Arbeiten unter festen Zeitvorgaben geschrieben werden.

Hier kann vorbereitendes Üben helfen:

- Ihr Kind lernt in diesem Heft Musteraufgaben kennen, die in ähnlicher Weise in den schulischen Tests zum Einsatz kommen.
- Es kann die Aufgaben in seinem eigenen Lerntempo, ohne Zeit- und Leistungsdruck bearbeiten und erhält dadurch Sicherheit für den „echten" Test in der Schule.

Sie als interessierte Eltern erhalten außerdem in den Ratgeberteilen (im Anhang) wichtige Informationen zu den Hintergründen der schulischen Maßnahmen und zu einzelnen Aufgabenstellungen. Nützliche und gut umsetzbare Tipps unterstützen Sie bei der aktiven Förderung Ihres Kindes.

Worauf sollten Sie achten, während Ihr Kind mit diesem Heft arbeitet?

Die Aufgaben der Lernstandstests sind so gestaltet, dass Kinder sie alleine bearbeiten und lösen können. Sie sollten möglichst nicht helfend eingreifen oder gar vorsagen. In der Schule wird Ihr Kind auf sich selbst gestellt sein. Die Lehrpläne für Grundschüler sehen vor, dass Kinder lernen, selbst zu verstehen und über Lösungswege nachzudenken. Es hilft Ihrem Kind daher nicht, wenn Sie ihm diese Arbeit abnehmen.

Sollte Ihr Kind aber den Wunsch haben, dass Sie sich in seiner Nähe aufhalten, so spricht nichts dagegen, wenn Sie die oben genannten Punkte beachten. Einige Kinder genießen es, wenn ein Elternteil neben ihnen sitzt und zusieht.

Fühlt Ihr Kind sich durch Ihre Gegenwart gestört, lassen Sie es ruhig alleine „tüfteln". Meistens finden Kinder übrigens von alleine den richtigen Lösungsweg, wenn sie zwischendurch auch einmal entspannen und eine Pause machen.

Achten Sie außerdem darauf, dass Ihr Kind ruhig arbeiten kann und nicht durch störende Geräusche (Telefon, Fernsehen, Musik …) abgelenkt und behindert wird.

Autoren und Verlag

Lernstandstest 1		
Name:	**Klasse:**	**Datum:**

1. Du siehst einen Ausschnitt aus einer Hundertertafel.

   a) Wie heißt die Zahl ...

   Los geht's!

   direkt über 599:

   links neben 599:

   rechts neben 599:

   599

   b) Auf welchem Zahlenstrahl kannst du die Zahl 599 finden? Kreuze an.

   A ☐

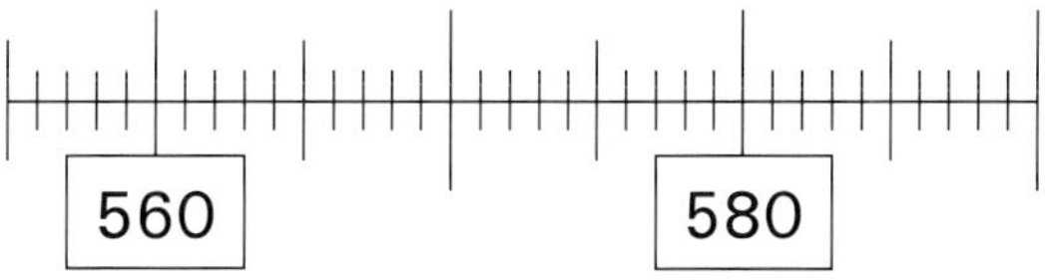

   560   580

   B ☐

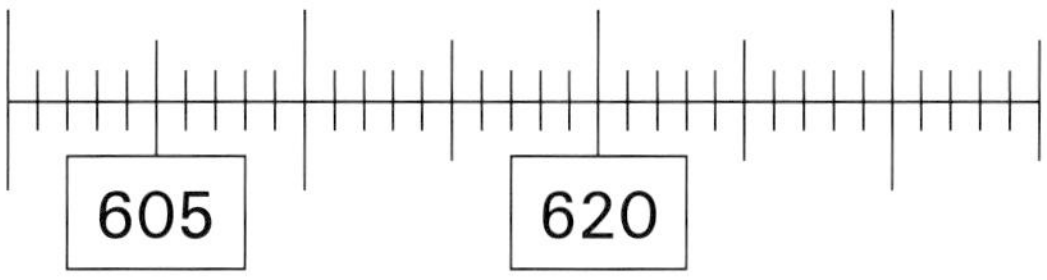

   605   620

   C ☐

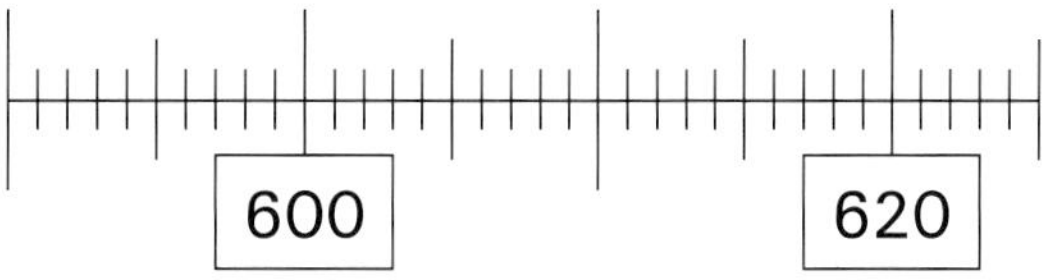

   600   620

   D ☐

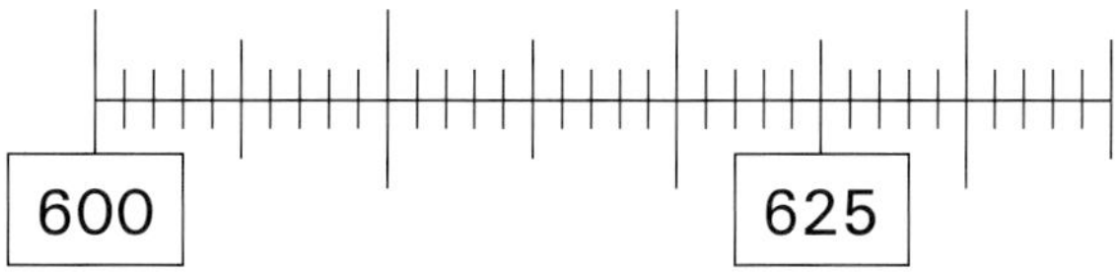

   600   625

2. Ergänze die fehlenden Zahlen. Notiere die Regel.

   Beispiel:

   502, 498, 494, 490, 486   Regel: – 4

   a) 616, 619, 622, _____, _____   Regel: _____ _____

   b) 80, 40, 20, _____, _____   Regel: _____ _____

3

3. a) Rechne aus und ergänze noch eine Aufgabe. Wie muss die nächste Aufgabe heißen?

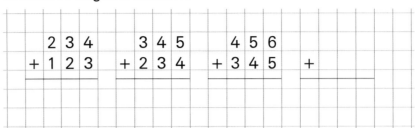

		2	3	4			3	4	5			4	5	6		
	+	1	2	3		+	2	3	4		+	3	4	5		+

b) Welche Aussagen stimmen? Kreuze an.

☐ Die Ergebnisse der Aufgaben werden jeweils um 111 größer, weil die Summanden jeweils auf der Einer-, der Zehner- und der Hunderterstelle um jeweils 1 größer werden.

☐ Die Ergebnisse der Aufgaben werden jeweils um 222 größer, weil jeder Summand jeweils um 111 größer wird.

4. Verbinde Aufgaben mit dem gleichen Ergebnis.

| $4 \cdot 90$ | $3 \cdot 20$ | $2 \cdot 40$ | $480 : 10$ | $800 : 8$ |

| $360 : 6$ | $6 \cdot 8$ | $2 \cdot 50$ | $400 : 5$ | $6 \cdot 60$ |

5. Vervollständige die Aufgaben.

Das schaffst du drachenlocker!

a)

	7	5	
−	3	5	7
	3		6

b)
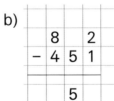

	8		2
−	4	5	1
		5	

6. Welche Zahlen lassen sich ohne Rest durch 7 teilen?

a) 70   b) 48   c) 45   d) 42   e) 350

f) 63   g) 603   h) 140

7. Rechne aus:

a) 6 · 8 = _____

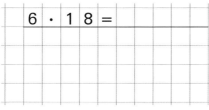

$6 \cdot 18 =$

b) 7 · 6 = _____

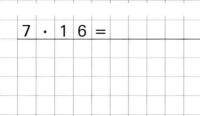

$7 \cdot 16 =$

c) 8 · 9 = _____

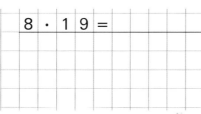

$8 \cdot 19 =$

d) 9 · 7 = _____

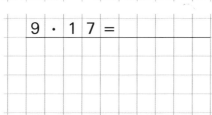

$9 \cdot 17 =$

8. Ordne die Zeitspannen der Länge nach. Beginne mit der kürzesten.

a) 64 min   b) 1 h 2 min   c) 100 min

d) 1 h 30 min   e) 1 h 45 min   f) 130 min

Gönn dir mal
'ne Pause!

_____

_____

9. Was ist gleich? Verbinde.

1,80 €	363 ct
125 ct	12,50 €
3 € 63 ct	77 ct
0,18 €	1 € 25 ct
12 € 50 ct	0,18 ct
7,70 €	180 ct

5

10. Die Zahlen in den Quadraten sagen dir, wie viele Würfel über-
    einander stehen sollen. Welche Figur passt zu dem Bauplan?

hinten	3	4	6
vorne	1	1	3

Antwort: _____

_____

a)

b)

c)

d)

e)

f)

11. Max hat aus Versehen die Folie falsch auf den Projektor gelegt.
    Wie sieht die Folie aus, wenn sie richtig aufgelegt wird?

    Die Folie sieht dann aus wie Folie _____.

a)

b)

c)

d)

12. Setze das Muster bis ans Ende des Kästchenfeldes fort.

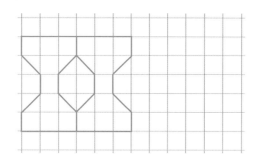

13. Vervollständige die Figuren an der Spiegelachse.

a)

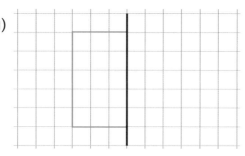

b)

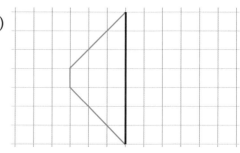

Das schaffst du drachenlocker!

c)

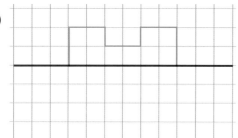

d)

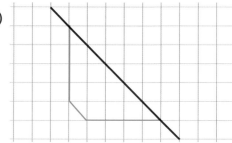

14. In 20 Tagen hat Fredi Geburtstag. Seine große Schwester Ina wird übermorgen, am Samstag, 14 Jahre alt.

Welche Fragen kannst du beantworten? Kreuze an.

a) Wie alt wird Fredi? ☐

b) Wie viele Tage liegen die Geburtstage der Geschwister auseinander? ☐

c) An welchem Wochentag hat Fredi Geburtstag? ☐

d) Wie viele Jahre ist Ina älter als Fredi? ☐

15. Vera kauft beim Bäcker 6 Brötchen. Ein Brötchen kostet 23 ct.
    Sie bezahlt mit 1,50 €. Wie viel Cent bekommt sie zurück?

    a) Rechnung:

    Antwort: _____

    b) Das Rückgeld besteht aus 6 Münzen. Welche könnten
       das sein? Zeichne die verschiedenen Möglichkeiten auf.

16. Max teilt 24 Bonbons gerecht auf sich, seinen Bruder, seine
    4 Freunde und seine Eltern auf. Wie viele Personen bekommen
    Bonbons?

    a) Ich löse die Aufgabe durch eine Division. ☐

    b) Ich löse die Aufgabe durch eine Addition. ☐

    c) Ich löse die Aufgabe durch eine Subtraktion. ☐

    d) Ich löse die Aufgabe durch eine Multiplikation. ☐

    Du bist
    spitze!

17. Mike beobachtet den tropfenden Wasserhahn. Er misst mit der
    Stoppuhr, dass alle 10 Sekunden ein Tropfen fällt. Nach 1 Minute
    und 40 Sekunden hat er keine Lust mehr zuzuschauen. Wie viele
    Wassertropfen hat er gesehen? Fülle die Tabelle aus.

Zeit in s	10	40	60	
Anzahl der Wassertropfen	1			

    Antwort: _____

    _____

Lernstandstest 2		
Name:	Klasse:	Datum:

1. a) Wie heißen die dargestellten Zahlen?

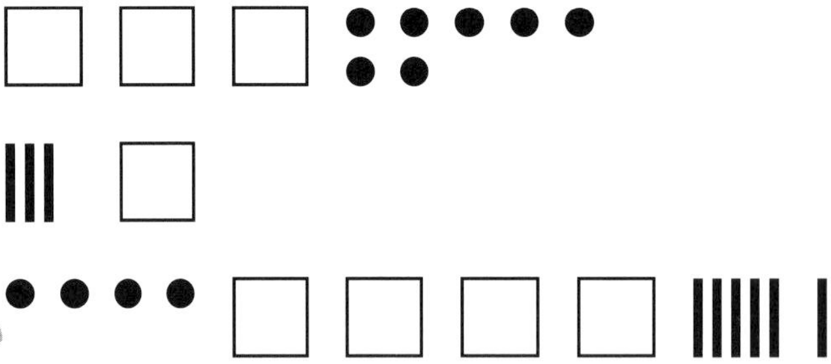

▢ ▢ ▢ ••••• _____

||| ▢ _____

•••• ▢ ▢ ▢ ▢ ||||| | _____

Los geht's!

b) Addiere diese Zahlen.
Wie viel fehlt bis 1000?

Bis 1000 fehlen _____.

2. Welche Zahlen können entstehen, wenn du

a) in der Stellenwerttafel unten ein Plättchen beliebig hinzufügst?

_____

b) aus dieser Stellenwerttafel ein Plättchen entfernst?

_____

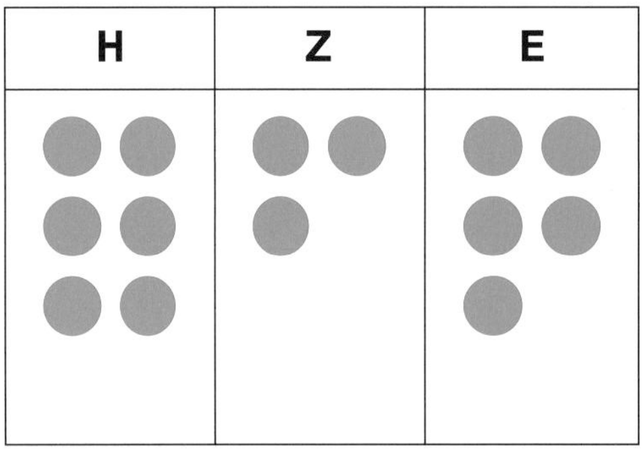

H	Z	E
●● ●● ●●	●● ●	●● ●● ●

3. Jeweils 2 Zahlen ergeben zusammen 1000. Addiere zur
   Kontrolle, und verbinde sie miteinander. Eine Zahl bleibt übrig.

| 345 | 635 | 365 | 335 | 655 | 245 | 755 |

4. Hier fehlen einige Zahlen. Du kennst aber die Regel der
   Zahlenfolgen. Ergänze.

   a) Regel: **immer – 7**

   Zahlenfolge: _____ _____ 100 _____ _____ 79 _____

   b) Regel: **immer · 2**

   Zahlenfolge: _____ 2 _____ _____ 16 _____ _____

Entscheide selbst, in welcher Reihenfolge du die Aufgaben lösen möchtest!

5. a) Subtrahiere und setze die Päckchen nach dem Muster fort.

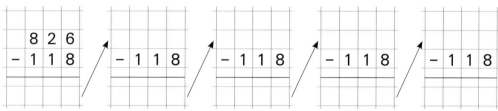

| | 8 | 2 | 6 |
| – | 1 | 1 | 8 |

| – | 1 | 1 | 8 |

| – | 1 | 1 | 8 |

| – | 1 | 1 | 8 |

| – | 1 | 1 | 8 |

   b) Wenn du richtig gerechnet hast: Nach wie vielen weiteren
      Päckchen erhältst du das Ergebnis 0?

   _____

6. Trage die Längenangaben in die Stellenwerttafel ein.

| 125 m | 103 m | 1 km 500 m | 3 m | 400 m |

| 2 km | 33 m |

1 km	100 m	10 m	1 m

7. Setze jeweils das passende Rechenzeichen ein: $+$ $-$ $\cdot$ $:$

6 ☐ 8 = 40 ☐ 8

21 ☐ 7 = 9 ☐ 3

205 ☐ 6 = 198 ☐ 1

354 ☐ 6 = 361 ☐ 1

8. Fülle die fehlenden Steine in den Zahlenmauern so aus, dass die Summe von jeweils zwei nebeneinanderliegenden Steinen in den Stein darüber eingetragen wird.

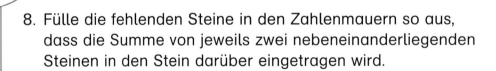

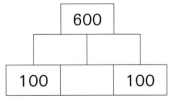

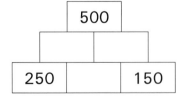

Mach mal Pause!

9. Welche Figur passt in welche Lücke? Verbinde.

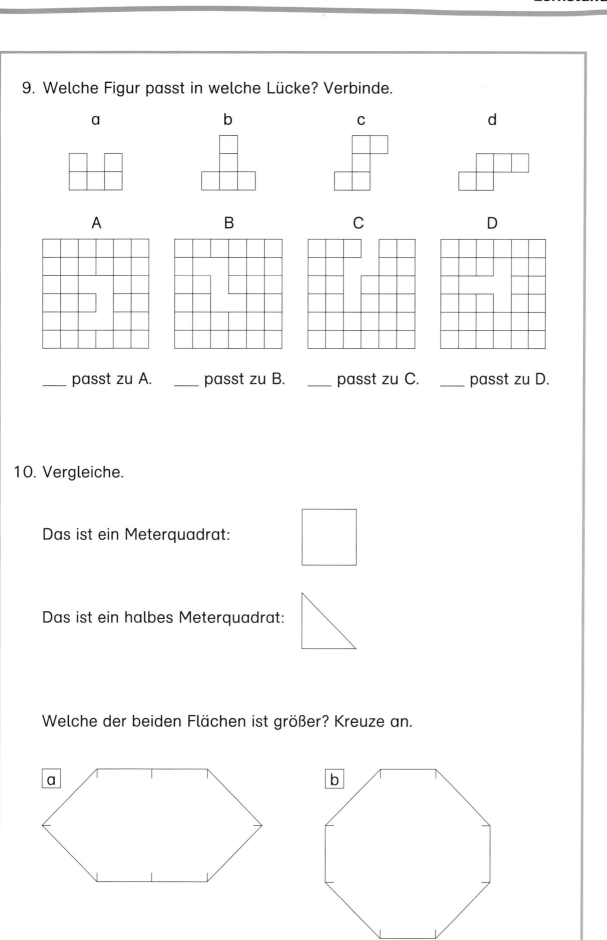

a   b   c   d

A   B   C   D

___ passt zu A.   ___ passt zu B.   ___ passt zu C.   ___ passt zu D.

10. Vergleiche.

Das ist ein Meterquadrat:

Das ist ein halbes Meterquadrat:

Welche der beiden Flächen ist größer? Kreuze an.

a

b

13

11. Du schiebst den Würfel acht Felder nach Norden, drei Felder nach Osten, fünf Felder nach Süden und zwei Felder nach Westen. Markiere das Feld, auf dem der Würfel nun steht, mit einem Kreuz.

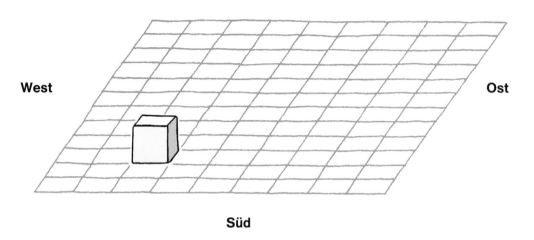

12. Die gegenüberliegenden Seiten eines Spielwürfels ergeben zusammen immer 7. Welches Würfelnetz ergibt nach dem Zusammenfalten einen Spielwürfel? Kreuze an.

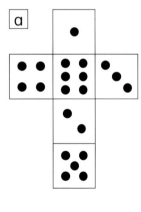

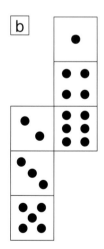

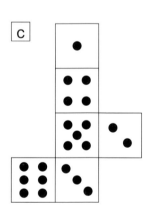

Das schaffst du drachenlocker!

13. Stell dir vor, du kippst diesen Würfel 3-mal hintereinander nach rechts. Wie sieht das Bild auf der Vorderseite dann jedes Mal aus? Verbinde.

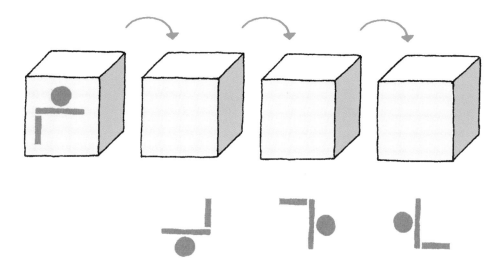

14. Marias Mutter kauft als Sonderangebot 6 Pakete Kaffee für insgesamt 23 €. Wenn sie sie einzeln kaufen würde, müsste sie pro Paket 4 € und 10 ct bezahlen.

Deine Frage: _____

_____

Deine Rechnung:

Antwort: _____

_____

15. Tim öffnet eine neue Tüte Gummibärchen und gibt seinem Freund Markus die Hälfte ab. Vom Rest schenkt er seiner Schwester vier. Später gibt er seiner Mutter noch zwei. Fünf Bärchen hat er nun noch für sich selbst. Wie viele Gummibärchen waren ursprünglich in der Tüte?

Dein Rechenweg:

Mach mal Pause!

Antwort: _____

_____

16. Laras junge Meerschweinchen Goldi und Poldi wiegen zusammen 820 g. Poldi ist 40 g schwerer als Goldi. Wie viel Gramm wiegt Goldi?

Hier findest du einen Vorschlag, wie du vorgehen könntest. Wenn du andere Überlegungen oder Berechnungen anstellen willst, kannst du das natürlich gerne tun.

Ich schätze das Gewicht von

	Poldi	Goldi	
1. Überlegung:	500 g	320 g	Der Unterschied beträgt 180 g. Er darf aber nur 40 g betragen.

Antwort: _____

17. Herr Meier kauft für 35,90 € ein. Er bezahlt mit einem
    50-Euro-Schein und bittet den Kassierer, ihm drei 5-Euro-
    Scheine als Rückgeld zu geben und den Rest in 50-Cent-Münzen.
    Kreuze alle richtigen Antworten an.

    ☐ Das geht nicht, weil der Kassierer keine 50-Cent-Münzen hat.

    ☐ Das geht nicht. Herr Meier hat sich verrechnet. Er bekommt
       weniger als 15 Euro zurück.

    ☐ Das geht, weil der Kassierer genug 5-Euro-Scheine in seiner
       Kasse hat.

    ☐ Das geht nicht, weil man auf einen solchen Betrag nicht nur
       mit 50-Cent-Münzen herausgeben kann.

18. Maria geht zu ihrer Freundin Lisa, um mit ihr Hausaufgaben zu
    machen. Nach 100 m kehrt sie um, weil sie ein Buch vergessen
    hat. Dann beginnt sie den Weg wieder von vorne. Nach 350 m
    muss sie einen Umweg von zusätzlich 150 m wegen einer Baustelle
    machen. Nach weiteren 300 m ist sie endlich am Ziel angekommen.

    a) Wie viel Meter ist Maria gegangen, ehe sie bei Lisa ankam?

    b) Wie weit ist der kürzeste Weg von Maria zu Lisa?

    Raum für deine Überlegungen:

    Antwort a): _____

    _____

    Antwort b): _____

    _____

Lernstandstest 3		
Name:	**Klasse:**	**Datum:**

Los geht's!

1. Rechne jeweils mit der Ergebniszahl weiter.

   $170 + 31 = 201 \rightarrow 201 + 22 = \underline{\quad} \rightarrow \underline{\quad} - 11 = \underline{\quad} \rightarrow$

   $\underline{\quad} + 44 = \underline{\quad} \rightarrow \underline{\quad} + 9 = \underline{\quad} \rightarrow \underline{\quad} + 29 = \underline{\quad} \rightarrow$

   $\underline{\quad} - 98 = 196$

2. Hier gibt es Fehler! Streiche die Fehler durch und schreibe die richtigen Zahlen darüber.

$5\,2\,3 + 4\,7\,6 = 9\,8\,9$	$3\,5\,9 + 4\,8\,6 = 7\,2\,7$
$5\,0\,0 + 4\,0\,0 = 9\,0\,0$	$9 + 6 = 1\,4$
$2\,0 + 7\,0 = 8\,0$	$5\,0 + 8\,0 = 1\,3$
$3 + 6 = 9$	$3\,0\,0 + 4\,0\,0 = 7\,0\,0$
$1\,2\,3 - 6\,7 = 6\,4$	$3\,0\,0 - 8\,8 = 2\,2\,2$
$1\,2\,0 - 6\,0 = 6\,0$	$3\,0\,0 - 8\,0 = 2\,2\,0$
$3 - 7 = 4$	$1\,0 - 8 = 2$

3. Welche Zahlen passen in die Minusketten? Wähle geeignete Zahlen aus und ergänze sie an den richtigen Stellen.
   Eine Zahl bleibt übrig!

4	14	47	57

100	51	49	2	

100		43		29

4. Setze die Zahlenfolgen fort.

Entscheide selbst, in welcher Reihenfolge du die Aufgaben lösen möchtest!

a 900, 875, _____, _____, _____, _____, 750

b 4, 9, 16, 25, _____, _____, _____, _____, 100

c 6, 60, 12, 54, _____, _____, _____, _____, _____, 36, 36

d 111, 100, _____, _____, _____, _____, 45

e 24, 36, 60, 72, _____, _____, _____, _____, 168

f 1024, 512, _____, _____, _____, _____, _____, _____, _____, _____, 1

5. Zu welcher Zahlenfolge bei Aufgabe 4 passen diese Regeln?
   Kreuze an.

Regel: immer die Hälfte   a b c d e f

Regel: immer abwechselnd + 12 und + 24   a b c d e f

Regel: immer 25 weniger   a b c d e f

Regel: immer 11 weniger   a b c d e f

Regel: Sechserreihe abwechselnd
        vorwärts und rückwärts   a b c d e f

Regel: + 5, + 7, + 9, + 11 ....
        Es sind die Quadratzahlen.   a b c d e f

6. Setze die richtigen Rechenzeichen ein:

160 ☐ 2 = 80   35 ☐ 7 = 5   144 ☐ 12 = 132

160 ☐ 2 = 320   35 ☐ 5 = 7   144 ☐ 12 = 12

160 ☐ 2 = 158   35 ☐ 7 = 245   144 ☐ 12 = 156

160 ☐ 2 = 162   35 ☐ 7 = 28   144 ☐ 2 = 288

7. Zeichne die Zahlen.

135 = ☐ ||| ·····   243 =

596 =   101 =

328 =   470 =

8. a) Rechne die Zahlenmauern aus. Denke daran, dass zwei Steine, die nebeneinanderliegen, addiert werden müssen.

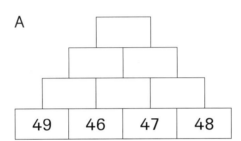
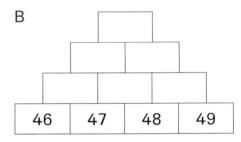

Begründe, warum einige Ergebnisse in der Zahlenmauer A doppelt vorkommen.

_____

_____

_____

b) Schreibe den Unterschied (die Differenz) der Nachbarsteine in das Feld dahinter.

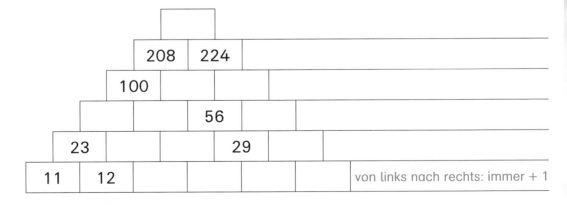

von links nach rechts: immer + 1

9. Fülle die Malkreuze aus. Schreibe das Ergebnis hinter die
   Malaufgabe.

7 · 14 = _____

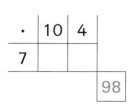

8 · 16 = _____

11 · 9 = _____

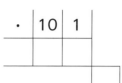

15 · 17 = _____

13 · 19 = _____

Gönn dir mal 'ne Pause!

10. Die Klasse 3b möchte einen Schulgarten anlegen. Zuerst
    müssen die 20 Kinder eine Fläche freischaufeln.

Für diese Fläche brauchen sie
etwa 2 Stunden:

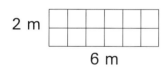

Wie lange brauchen sie
für diese Fläche?

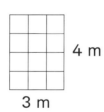

Rechnung:

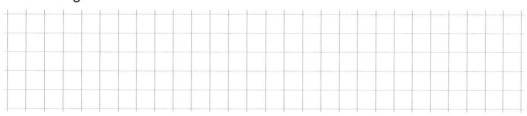

Antwort: _____

Begründung: _____

_____

_____

11. Zeichne alle Spiegelachsen in die Figuren und schreibe die
   Anzahl der Spiegelachsen darunter.

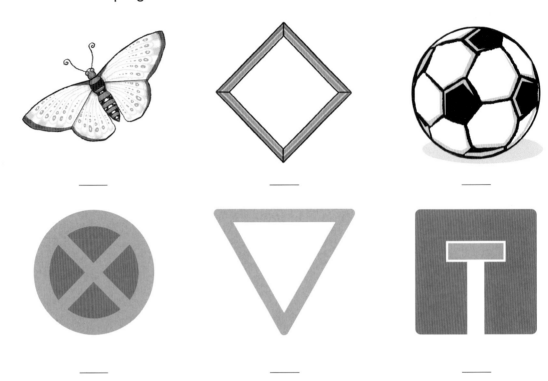

12. Zeichne die Muster weiter.

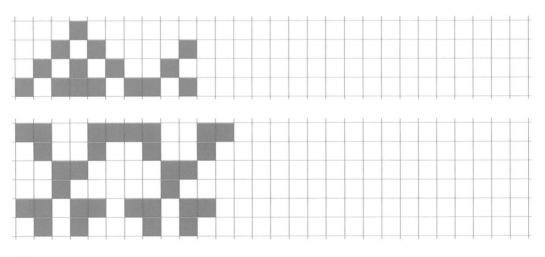

13. Aus welchen Netzen kann man einen Würfel bauen? Kreuze an.

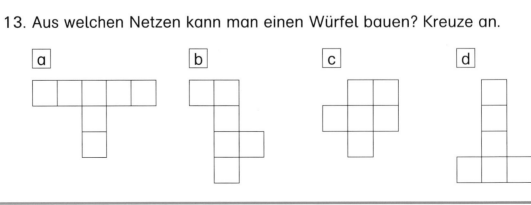

14. Welche Körper kann man aus diesen offenen Schachteln
bauen? Verbinde, was zusammenpasst. Einen Körper kann
man gar nicht bauen. Streiche ihn durch.

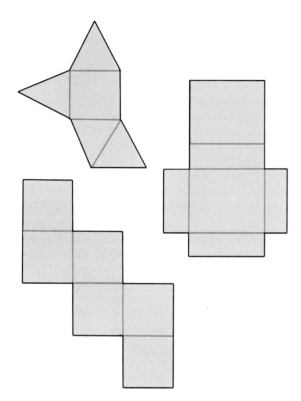
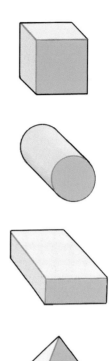

15. Kreuze alle Fragen an, deren Antwort du ausrechnen kannst.

a) Jörn lädt zu seinem Geburtstag 11 Kinder ein, 2 sagen ab.

☐ Was bekommt er geschenkt?

☐ Wie alt sind alle zusammen?

☐ Für wie viele Kinder muss er den Tisch decken?

b) 765 Schüler machen die Schwimmprüfung zum Silberabzeichen.
52 schaffen es nicht.

☐ Warum nicht?

☐ Wie heißt der Schwimmlehrer?

☐ Wie viele Schüler bekommen das Abzeichen?

c) In die Klasse 3a gehen 27 Schüler, in die 3b nur 24.

☐ Wie viele Kinder sind insgesamt im dritten Schuljahr?

☐ Wie groß ist der Unterschied zwischen den beiden Klassen?

☐ Was essen sie zum Frühstück?

16. Du kaufst eine Tafel Schokolade, die 100 g wiegt, ein Stück Butter, das 250 g wiegt und ein Paket Kaffee, das 500 g wiegt.

Frage: Wie viel Gewicht musst du tragen?

Deine Rechnung:

Antwort: _____

Das machst du drachenstark!

17. Du gehst ins Freibad. Der Eintritt kostet 3,50 €. Weil du Hunger bekommst, kaufst du dir zuerst Pommes frites für 1,20 € mit Ketschup, der 30 ct extra kostet. Zum Trinken kaufst du dir eine Flasche Wasser für 90 ct.

Kreuze alle richtigen Antworten an.

☐ Ich muss 5 € mitnehmen, damit ich mit dem Geld auskomme.

☐ Wenn ich auf die Pommes verzichte, komme ich mit 5 € aus.

☐ Wenn ich mit einem 10-Euro-Schein bezahle, habe ich noch einen 5-Euro-Schein, 1-Euro-Münze und ein 10-Cent-Stück übrig.

☐ Ich lasse mich von meinem Freund zu einem Glas Wasser einladen, dann reichen 5 €.

Deine Rechnung:

18. Es gibt Spielzeugtiere, die innerhalb von 72 h im Wasser
    ihre Größe verdreifachen. Du wählst eine Raupe aus, die vor
    dem Bad 8,5 cm lang ist.
    Kreuze alle richtigen Antworten an.

    ☐ Die Raupe wiegt nach 72 h mehr als vorher.

    ☐ Die Raupe wächst zwar in der Länge, nimmt aber kein
    Gewicht zu, weil sie ja nicht essen kann.

    ☐ Die Raupe wird nach 36 h doppelt so groß sein.

    ☐ Nach $2\frac{1}{2}$ Tagen wächst die Raupe nicht mehr.

    ☐ Nach drei Tagen ist die Raupe 25,5 cm lang.

    ☐ Wenn ich die Raupe nach dem Bad zum Trocknen in
    die Sonne lege, wird sie wieder kleiner.

    Deine Rechnungen:

19. Hannah und ihre Mutter wiegen zusammen 105 kg. Die Tochter
    wiegt genau halb so viel wie ihre Mutter.

    Fragen: a) Wie schwer ist Hannah?

    　　　　b) Wie viel wiegt die Mutter?

    Deine Rechnung:

    Antwort: a) Hannah wiegt _____ kg.

    　　　　　b) Die Mutter wiegt _____ kg.

20. Sörens Aquarium braucht 72 l Wasser. So sieht es aus:

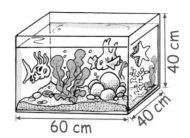

60 cm

Damit seine Fische besser schwimmen können, will er sich ein größeres Aquarium zulegen. Es soll doppelt so breit sein wie das alte, aber auf keinen Fall tiefer oder höher, weil es sonst nicht mehr in sein Zimmer passt.

Für welches Aquarium wird Sören sich entscheiden? Kreuze an.

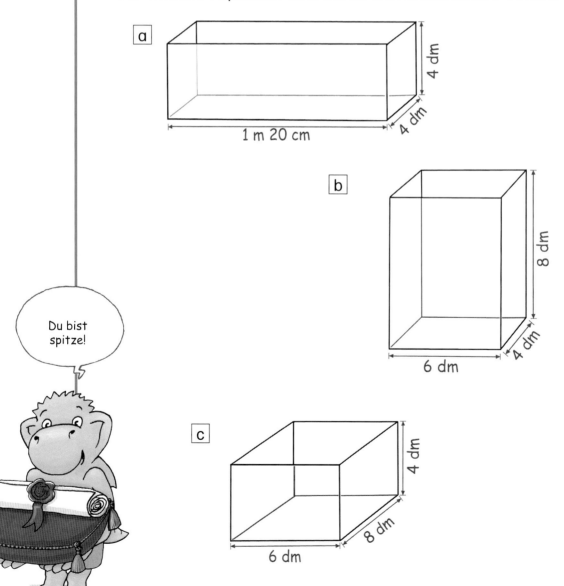

Du bist spitze!

Lernstandstest 4		
Name:	Klasse:	Datum:

1. Setze die fehlenden Zahlen ein.

   46 + 88 = 88 + ____   367 – 71 = 366 – ____

   46 + 88 = 50 + ____   367 – 71 = 360 – ____

   46 + 88 = ____ + 90   367 – 71 = ____ – 74

Los geht's!

2. Rechne diese Aufgaben aus und überlege, wie die letzte
   Päckchenaufgabe lauten muss.

   375 + 328 = ____   784 – 204 = ____

   475 + 238 = ____   684 – 254 = ____

   575 + 148 = ____   584 – 304 = ____

   ____ + ____ = ____   ____ – ____ = ____

3. Lege aus diesen Ziffern die kleinste und die größte mögliche
   dreistellige Zahl. Berechne dann den Unterschied zwischen den
   beiden Zahlen.

   | 5 | 9 | 3 | 7 |

   Deine Rechnung:

   Der Unterschied beträgt _____.

4. Welche der Zahlen lässt sich ohne Rest durch 9 teilen? Kreuze an.

   ☐ 324   ☐ 504   ☐ 919   ☐ 738   ☐ 463
   ☐ 111   ☐ 621   ☐ 279   ☐ 874   ☐ 108

5. Rechne aus:

a) $7 + 8 \cdot 2 + 3 =$ _____

Deine Rechnung:

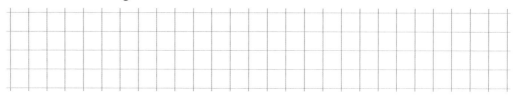

b) $7 \cdot 8 - 2 \cdot 3 =$ _____

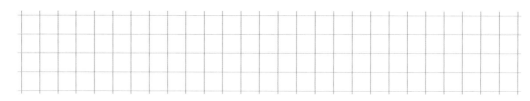

c) $7 \cdot (8 - 2) \cdot 3 =$ _____

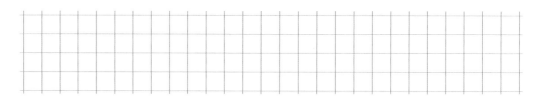

d) $7 \cdot (8 - 2) : 3 =$ _____

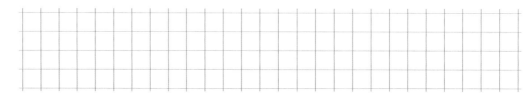

e) $3 \cdot 7 \cdot (8 - 2) =$ _____

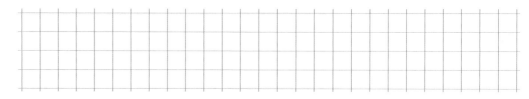

Begründe, weshalb zwei Aufgaben dasselbe Ergebnis haben:

_____

_____

_____

6. Setze <, >, oder = ein.

Entscheide selbst, in welcher Reihenfolge du die Aufgaben lösen möchtest!

90 min ☐ 1 h 20 min   250 min ☐ $2\frac{1}{2}$ h

35 cm ☐ 0,35 dm   500 m ☐ 1,2 km

5,05 € ☐ 550 ct   250 ct ☐ 2,50 €

250 g ☐ $\frac{1}{4}$ kg   500 g ☐ $\frac{3}{4}$ kg

7. Du würfelst mit zwei Würfeln. Die Summe der Augenzahlen ist 9. Das Produkt ist 20. Welche Augenzahlen zeigen deine Würfel? Zeichne ein:

Raum für deine Überlegungen:

8. Wie viele Kugeln brauchst du für diese Pyramiden?

a)   b)   c)

Ich brauche   Ich brauche   Ich brauche

____ Kugeln.   ____ Kugeln.   ____ Kugeln.

9. Welche Buchstaben wurden hier gespiegelt? Schreibe sie unter die Zeichnungen. Zeichne hier auch alle Symmetrieachsen ein.

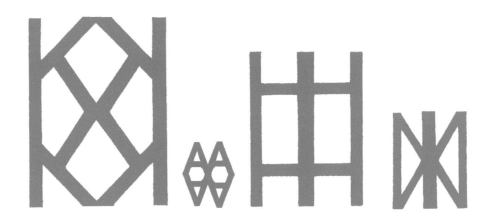

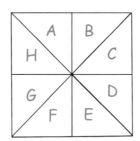

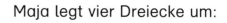

10. Joshua hat ein Quadrat in acht gleich große Dreiecke unterteilt:

Marvin legt zwei Dreiecke um: Maja legt vier Dreiecke um:

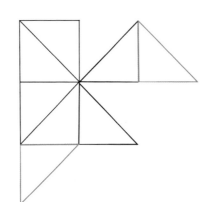

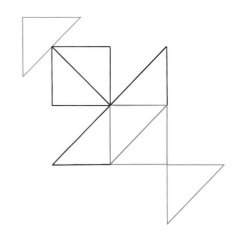

Kannst du sagen, welche Teile die beiden umgelegt haben?

Marvin hat ____ und ____ umgelegt.

Maja hat ____, ____, ____ und ____ umgelegt.

11. Larissa baut für ihre Kaninchen einen Stall. Der Stall soll
    eine Fläche von 12 qm (Meterquadraten) bekommen.

    1 qm = ☐

    Wie viel Meter Umfang haben diese Ställe?

a)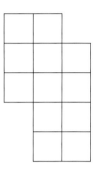

_____ Meter

b)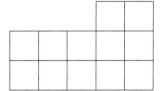

_____ Meter

c)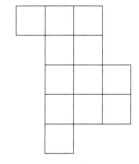

_____ Meter

d)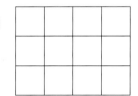

_____ Meter

e)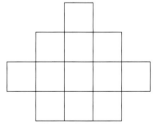

_____ Meter

f)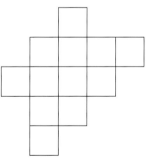

_____ Meter

Das schaffst du drachenlocker!

12. Im Supermarkt kannst du unterschiedlich große Gläser mit Nougat-Creme kaufen. Entscheide dich für das preiswerteste Glas. Kreuze die richtige Antwort an.

A

300 g
1,63 €

B

900 g
4,89 €

☐ Glas A

☐ Glas B

☐ Die Gläser sind im Verhältnis zu ihrem Inhalt gleich preiswert.

Deine Rechnung:

13. In die Klasse 3a gehen 28 Kinder. $\frac{1}{4}$ von ihnen bekommt pro Woche 3 € Taschengeld. Kreuze alle Antworten an, die du ausrechnen kannst.

☐ 3 € pro Woche ist viel zu wenig.

☐ In einem Jahr bekommt jedes dieser Kinder 156 €.

☐ Wie viel Taschengeld bekommen die anderen 21 Kinder?

☐ Insgesamt bekommen sie 21 € pro Woche.

☐ Zusammen bekommen sie in einem Jahr 1092 €.

Deine Rechnungen:

14. a) Eine Familie zählt zusammen 77 Jahre. Mutter und Vater
       sind gleich alt. Die Tochter ist die Jüngste. Als sie geboren
       wurde, war der Sohn drei Jahre alt. Heute ist er doppelt so
       alt, wie seine Schwester. Findest du heraus, wie alt jedes
       Familienmitglied ist?

   Deine Rechnung:

   Antwort: Die Tochter ist _____ Jahre alt. Der Sohn ist _____ Jahre

   alt. Die Mutter und der Vater sind beide _____ Jahre alt.

   b) Wie alt ist die Familie im nächsten Jahr?

   Deine Rechnung:

   Antwort: Im nächsten Jahr sind sie zusammen _____ Jahre alt.

15. Till macht Urlaub in England. Da man dort mit englischen Pfund
    (Abkürzung: £) bezahlt, muss er bei der Bank sein Taschengeld
    von € in £ tauschen. 100 € sind etwa 60 £ wert. Till möchte
    125 € umtauschen.

   Frage: _____

   _____

   Deine Rechnung:

   Antwort: _____

   _____

Lösungen mit Tipps für Eltern – Lernstandstest 1

1. a) Die Zahl über 599 heißt 589.
   Die Zahl links neben 599 heißt 598.
   Die Zahl rechts neben 599 heißt 600.

   b) Auf Zahlenstrahl C findest du die Zahl 599 hier:

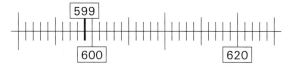

2. a) 616, 619, 622, 625, 628;   Regel: $\boxed{+}$ 3
   b) 80, 40, 20, 10, 5;   Regel: $\boxed{:}$ 2

3. a)

234	345	456	567
+ 123	+ 234	+ 345	+ 456
		1 1	1 1 1
357	579	801	1023

   b) Richtig ist die Aussage: Die Ergebnisse der Aufgaben werden jeweils um 222 größer, weil jeder Summand um jeweils 111 größer wird.

4.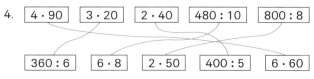

   $\boxed{4 \cdot 90}$ $\boxed{3 \cdot 20}$ $\boxed{2 \cdot 40}$ $\boxed{480 : 10}$ $\boxed{800 : 8}$

   $\boxed{360 : 6}$ $\boxed{6 \cdot 8}$ $\boxed{2 \cdot 50}$ $\boxed{400 : 5}$ $\boxed{6 \cdot 60}$

5. Vervollständige die Aufgaben.

   a)
   ```
       753      oder:    ⁶⁴7̶5̶3
     - 357             - 357
     ¹ ¹               ─────
     ─────              396
      396
   ```

   b)
   ```
       802      oder:    ⁷8̶02
     - 451             - 451
     ¹                 ─────
     ─────              351
      351
   ```

6. Durch 7 ohne Rest lassen sich teilen:
   a) 70 : 7 = 10; d) 42 : 7 = 6; e) 350 : 7 = 50;
   f) 63 : 7 = 9; h) 140 : 7 = 20

7. (Wenn du einen anderen Rechenweg als diesen benutzt hast oder andere Überlegungen angestellt hast, ist das natürlich auch in Ordnung.)

   a) 6 · 8 = 48
   | 6 · 18 = 108 |
   | 6 · 10 = 60 |
   | 6 · 8 = 48 |

   b) 7 · 6 = 42
   | 7 · 16 = 112 |
   | 7 · 10 = 70 |
   | 7 · 6 = 42 |

   c) 8 · 9 = 72
   | 8 · 19 = 152 |
   | 8 · 10 = 80 |
   | 8 · 9 = 72 |

   d) 9 · 7 = 63
   | 9 · 17 = 153 |
   | 9 · 10 = 90 |
   | 9 · 7 = 63 |

8. b) 1 h 2 min = 62 min; a) 64 min;
   d) 1 h 30 min = 90 min; c) 100 min;
   e) 1 h 45 min = 105 min; f) 130 min

9.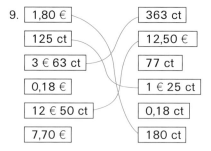

1,80 €		363 ct
125 ct		12,50 €
3 € 63 ct		77 ct
0,18 €		1 € 25 ct
12 € 50 ct		0,18 ct
7,70 €		180 ct

Tipps für Eltern zu den Aufgaben 1 bis 9 (Arithmetik)

Liebe Eltern,

dieser erste Teil des Lernstandstests bezieht sich auf den arithmetischen Bereich. Hier wird überprüft, ob sich Ihr Kind im Zahlenraum bis 1000 orientieren und wie es mit den vier Grundrechenarten umgehen kann. Sollten Sie nun festgestellt haben, dass Ihr Kind Schwierigkeiten hat, sich in einer Hundertertafel oder auf Zahlenstrahlen zurechtzufinden, können Zählübungen in verschiedenen Schrittgrößen (Einer-, Zehner-, Hunderter-, aber auch Zweier-, Fünfer-, Zwanziger- Fünfzigerschritte etc.) vorwärts und rückwärts hilfreich sein. Nennen Sie zum Beispiel die Zahl 230 als Startzahl. Von dieser Zahl aus sollen nun 6 Einerschritte vorwärts gezählt werden bis zur 236. Von da ab könnte Ihr Kind 10 Einerschritte rückwärts zählen bis zur 226. Von da ab wiederum in Zehnerschritten vorwärts bis 306 zählen usw. Wenn Ihr Kind bei den schriftlichen Rechenver-

fahren noch Probleme hat, schauen Sie ihm einmal bei der Arbeit über die Schulter. Sinnvoll wäre, wenn Ihr Kind Ihnen erklärt, was es gerade tut. Dabei sehen Sie dann schnell, wo es sich verrechnet oder etwas vergisst und können es darauf hinweisen.
Wenn Ihr Kind die schriftlichen Rechenverfahren zur Addition und Subtraktion sicher anwenden kann, bietet es sich an, Rechenpäckchen nach ganz bestimmten Mustern aufzuschreiben, die Ergebnisse miteinander zu vergleichen (vgl. Aufgabe 3) und die gewonnenen Erkenntnisse zu notieren. Solche „Musterpäckchen" können sie leicht selber erstellen. Wählen Sie am besten wieder eine Startzahl. Warum nicht nochmals die 230! Ihr Kind könnte nun zur Startzahl 75 addieren und anschließend von dem Ergebnis 80 subtrahieren. Dann wieder 75 addieren, um dann noch einmal

80 zu subtrahieren. Nun soll es das Endergebnis mit der Startzahl vergleichen. Lassen Sie Ihr Kind die Ergebnisse immer kommentieren und erklären. Ähnlich können Sie auch bei Multiplikations- und Divisionsaufgaben vorgehen, wobei das kleine Einmaleins im Kopf angewendet werden sollte. Wenn es beim Einmaleins noch Probleme gibt, könnten Sie mit Ihrem Sohn oder Ihrer Tochter die Kernaufgaben zur Aktualisierung üben. Das sind die ganz leicht zu merkenden und abzuleitenden Aufgaben des kleinen Einmaleins: 1 · Zahl; 2 · Zahl; 10 · Zahl und 5 · Zahl. Anschließend können Sie dann auch die restlichen Aufgaben angehen.

Macht Ihr Kind Ihrer Meinung nach noch viele Fehler? Bedenken Sie bitte, dass sich Ihr „Urteil" nicht mit dem der „Prüfer" in der Schule decken muss. Fehler sind nicht gleich Fehler und werden mit den Dingen, die Ihr Kind richtig gemacht hat, betrachtet und genau ausgewertet. Die Zeit, die

Ihr Kind zu Hause für diesen Test benötigt, spielt hier noch keine ernsthafte Rolle, sondern dient Ihnen als Anhaltspunkt, wie lange sich Ihr Kind mit den Aufgaben sinnvoll beschäftigen kann. Beachten Sie bitte auch, dass eine zu lang andauernde Arbeit an einem Test nicht die Qualität des Ergebnisses verbessert. Wenn Sie merken, dass Ihr Kind nach einer Weile abgelenkt und unkonzentriert wirkt, lassen Sie es eine Pause einlegen. Lesen Sie ihm eine Geschichte vor oder spielen Sie ein entspannendes Spiel, das es gerne spielt. Erst beim Test in der Schule wird eine genaue Zeitspanne festgesetzt, die dann einzuhalten ist.

Übrigens: Oft lassen sich Kinder von Testaufgaben abschrecken, die ihnen auf den ersten Blick schwer und kompliziert erscheinen. Sie können Ihr Kind deshalb ruhig zuerst die Aufgabenseiten durchblättern und aussuchen lassen, mit welchen Aufgaben es beginnen möchte.

10. Figur c) passt genau zum Bauplan.

11. Folie b) ist richtig.

12. So sieht das vollständige Muster aus:

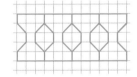

13. a)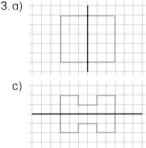

c)

d)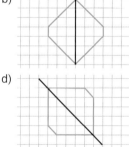

Tipps für Eltern zu den Aufgaben 10 bis 13 (Geometrie)

Liebe Eltern,

bei den Aufgaben aus dem Bereich Geometrie geht es um die Überprüfung, ob Ihr Kind sich räumlich orientieren kann, Vorstellungen zu Flächen und Figuren hat und sie nach bestimmten Gesichtspunkten anordnen kann. Dabei sind auch Anordnungen in der Vorstellung gefragt (Kopfgeometrie). Diese Fähigkeit muss aber nicht einfach da sein. An den Ergebnissen dieser Testaufgaben können Sie sehen, ob und wo Ihr Kind noch Schwierigkeiten hat. Stellen Sie Lücken fest, können Sie diese Fähigkeiten trainieren, indem Sie Ihrem Kind z.B. würfelförmige Bausteine und einen kleinen Handspiegel als Material zur Hand geben. Damit können Aufgaben, wie sie hier gestellt werden, überprüft und besser verstanden werden. Nun kann Ihr Kind die Türme aus Aufgabe 10 nachbauen, die Symmetrieachsen aus Aufgabe 13 mit dem Spiegel in echte Spiegelachsen verwandeln und so seine Ergebnisse überprüfen oder nachvollziehen.

Ermuntern Sie Ihr Kind, eigene Bauwerke aus Würfeln zu errichten und anschließend die zugehörigen Pläne zu erstellen, oder erteilen Sie ihm einen „Bauauftrag", den es als „Bauleiter" ausführen soll. Würdigen Sie anschließend seine Leistung. Spielen Sie mit Ihrem Kind Druckbuchstaben spiegelverkehrt aufzuschreiben und überprüfen Sie die Ergebnisse anschließend mit einem Spiegel. Auch ein dünnes transparentes Blatt Papier kann ein interessantes Übungsmaterial sein. Schreiben Sie ein kleines einfaches Wort in Druckschrift auf das Blatt, drehen es herum und lassen es Ihr Kind lesen. Wenn Sie abwechselnd schreiben und lesen erhöht das vermutlich sogar die Motivation. Fehler können dann genau besprochen werden. Achten Sie aber darauf, dass zusätzliche Übungen nicht als Druck verstanden werden, sondern gut motiviert zu einem nutzbaren Verständniszuwachs führen.

14. Diese Fragen kannst du beantworten:

b) Wie viele Tage liegen die Geburtstage der Geschwister auseinander?
20 Tage – 2 Tage = 18 Tage. Die Geburtstage liegen 18 Tage auseinander.

c) An welchem Wochentag hat Fredi Geburtstag?
Wenn übermorgen Samstag ist, ist heute Donnerstag. In 21 Tagen wäre wieder Donnerstag. Dann ist in 20 Tagen Mittwoch. Fredi hat also Mittwoch Geburtstag.
(Wenn du durch andere Überlegungen zum selben Ergebnis gekommen bist, ist das natürlich auch in Ordnung.)

15. a) Rechnung: $6 \cdot 23$ ct = 138 ct
$6 \cdot 20$ ct = 120 ct
$6 \cdot \ 3$ ct = $\ 18$ ct
1,50 € = 150 ct; 150 ct – 138 ct = 12 ct
Antwort: Vera bekommt 12 ct zurück.

15. b) Rückgeldmöglichkeiten:

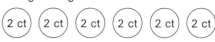

oder:

16. Richtig ist: Ich löse die Aufgabe durch eine Addition.
Max + sein Bruder + seine 4 Freunde + seine Eltern = 8 Personen

17.

Zeit in s	10	40	60	100 (= 1 min. 40 s)
Anzahl der Wassertropfen	1	4	6	10

Antwort: Nach 1 Minute und 40 Sekunden (100 Sekunden) hat Mike 10 Tropfen gesehen.

Tipps für Eltern zu den Aufgaben 14 bis 17 (Sachrechnen / Textaufgaben)

Liebe Eltern,

Aufgaben, die über Texte zu erschließen sind, stellen für Kinder oft eine ganz besondere Herausforderung dar. Hier sind Wörter in mathematische Zeichen umzusetzen und Veranschaulichungen – wie Skizzen, Tabellen oder Bilder – werden nicht immer mitgeliefert, sondern müssen oft selbst passend erstellt werden, um sich über die Aufgabe klar zu werden.
Konzentriertes (auch halblautes) Lesen ist deshalb eine Grundvoraussetzung für das Textverständnis.

Hilfreich ist, wenn Sie für eine ablenkungsarme Umgebung sorgen, in der sich Ihr Kind wohlfühlen kann. Ein zusätzliches Blatt Papier sollte außerdem für Stichpunkte, Skizzen oder Gedanken zur Verfügung stehen. Wenn in einer Aufgabe schon eine Tabelle angeboten wird, ermuntern Sie Ihr Kind, die vorhandene abzuzeichnen und sie durch eigene – vielleicht kleinere – Schritte

bis zur Lösung zu erweitern. Je nach Aufgabenstellung können auch für diesen Bereich konkrete Materialien – wie Spielgeld, Kalender und Lernuhr – hilfreich sein. Mit diesen Materialien kann Ihr Kind mit Ihnen als Partner Situationen, die in den Aufgaben geschildert sind, nachspielen und so besser verstehen. Wenn Sie wollen, können Sie als Bäcker Brötchen verkaufen oder als Klempner tropfende Wasserhähne bestaunen – und dabei Ihrem Kind im Gespräch weiterhelfen, wenn es mit Geld oder Sekunden noch nicht so gut zurechtkommt.

Ermutigen Sie Ihr Kind, wenn es äußert, nicht mehr weiterzukommen. Lassen Sie sich den Aufgabentext vorlesen, damit Sie gemeinsam mit Ihrem Kind „mitdenken" können, und lassen Sie sich zeigen, welche Stelle es nicht versteht. Hier könnten Sie dann helfen.

Lösungen mit Tipps für Eltern – Lernstandstest 2

1. a) Die dargestellten Zahlen heißen 307, 130 und 464.

b) 307
130
$+ 464$
$\overline{\quad 1\,1\quad}$
901

Bis 1000 fehlen 99.

2. a) Es können entstehen: 735; 645; 636.
b) Es können entstehen: 535; 625; 634.

3. 345 + 655 = 1000; 635 + 365 = 1000; 245 + 755 = 1000. 335 bleibt übrig.

4. a) Zahlenfolge: 114, 107, 100, 93, 86, 79, 72
b) Zahlenfolge: 1, 2, 4, 8, 16, 32, 64

5. a)
$$826 \nearrow 708 \nearrow 590 \nearrow 472 \nearrow 354$$
$$- 118 \quad - 118 \quad - 118 \quad - 118 \quad - 118$$
$$708 \quad 590 \quad 472 \quad 354 \quad 236$$

oder:

$$826 \nearrow 708 \nearrow 590 \nearrow 472 \nearrow 354$$
$$- 118 \quad - 118 \quad - 118 \quad - 118 \quad - 118$$
$$708 \quad 590 \quad 472 \quad 354 \quad 236$$

b) Nach zwei weiteren Päckchen erhältst du das Ergebnis 0.

6.

1 km	100 m	10 m	1 m
0	1	2	5
0	1	0	3
1	5	0	0
0	0	0	3
0	4	0	0
2	0	0	0
0	0	3	3

7.
$$6 \cdot 8 = 40 + 8$$
$$21 : 7 = 9 : 3$$
$$205 - 6 = 198 + 1$$
$$354 + 6 = 361 - 1$$

8.

600		
300	300	
100	200	100

500		
300	200	
250	50	150

Tipps für Eltern zu den Aufgaben 1 bis 8 (Arithmetik)

Liebe Eltern,

beherrscht Ihr Kind die Grundrechenarten im Zahlenraum bis 1000? Hat es eine Vorstellung zu verschiedenen Größen entwickelt und kann es Größen in andere Einheiten umrechnen? Erkennt es Zusammenhänge zwischen Zahlen und kann es aus solchen Zusammenhängen Regeln ableiten? Wie versteht es geometrische Grundformen? Kann es perspektivische Darstellungen räumlich wahrnehmen? Erkennt es vorgegebene Flächen in anderer Umgebung wieder? Kann es Texte genau und kritisch lesen? Kann es Tabellen oder Skizzen anlegen, um sich Sachverhalte zu verdeutlichen?

Hinter solchen Fragestellungen verbergen sich die Anforderungen, die das Fach Mathematik an heutige Grundschüler und -schülerinnen richtet. Mit so genannten Lernstandstests sollen diese Fragen für Ihr Kind detailliert beantwortet werden. Mit den Musteraufgaben in diesem Heft kann sich Ihr Kind spannungsfrei darauf vorbereiten. Für Sie selbst bieten wir diese Tipps an, mit denen Sie Ihr Kind auf den Weg zu mehr Sicherheit und mathematischem Verständnis bringen können.

Die Zeit, die Ihr Kind benötigt, um die Aufgaben in diesen Tests zu bewältigen, ist für Sie dann bemerkenswert, wenn Sie feststellen, dass es unaufmerksam und abgelenkt ist. Fragen Sie es nach dem Grund. Wenn Ihr Kind Verständnisschwierigkeiten hat, versuchen Sie es durch einen kleinen Hinweis zu motivieren. Wenn es uninteressiert ist, überlegen Sie, ob es genügend Entspannungspausen hatte, bevor es mit dem Test begann. Wenn es abgelenkt wirkt (durch einen laufenden Fernseher, durch laute Musik, usw.), versuchen Sie, die Störquelle zu beseitigen.

Zahlen lassen sich auf unterschiedliche Arten darstellen. Das hilft Kindern, Stellenwerte und deren Übergänge im Zehnersystem besser zu verstehen. Sollte Ihr Kind nun bei der Bewältigung der Aufgaben 1 und 2 Mühe gehabt haben, sind leicht zu beschaffende Dinge als Übungsmaterial gut geeignet: Zettel von einem Zettelblock können 100er-Felder darstellen, Streichhölzer oder besser noch Zahnstocher sind 10er-Stangen und Rechenplättchen oder Plättchen aus einem Flohhüpfspiel können als Einer dienen. Geben Sie Ihrem Kind nun eine Liste von 10 Zahlen unter 1000. Es soll die Zahlen mit dem Material nacheinander legen und aufzeichnen. Wenn Sie anwesend sind, lassen Sie sich die Vorgehensweise beim Legen laut erklären. Sie können dann feststellen, an welchen Stellen Schwierigkeiten auftreten und Hilfestellung leisten.

Wenn Sie Probleme bei Zahlenfolgen beobachten, können Sie dies üben: Nennen Sie eine Regel, z. B. – 4, und eine Startzahl, z. B. 113. Ihr Kind soll nun jeweils immer den Vorgänger und den Nachfolger der Startzahl benennen. Bei diesem Beispiel sind das 117 als Vorgänger und 109 als Nachfolger. Ihr Kind muss dabei also beachten, dass es die Regel bei der Rückwärtsbewegung in der Zahlenfolge umkehren muss. Aus – 4 wird dann + 4.

Bei der Anwendung oft geübter schriftlicher Rechenverfahren werden Kinder manchmal unkonzentriert, weil ja alles „so leicht" ist. Dann unterlaufen schnell einmal Fehler. Hier können Sie Ihren Sohn oder Ihre Tochter anhalten, „leichte" Aufgaben noch einmal nachzurechnen, denn Aufgaben, die – wie Aufgabe 5 – eine Kontrolle fordern, wenn falsch gerechnet wurde, gibt es nicht immer.

Beim Rechnen können immer wieder Problemstellungen auftauchen, die sich als „harte Nüsse" erweisen, weil es für ihre Lösung keine Regel zu geben scheint (Aufgabe 8). Dann hat Ihr Kind zwei Möglichkeiten. Entweder es probiert Zahlen aus, bis es eine Lösung hat, oder es hat die Regel gefunden, nach der das Problem immer lösbar ist. Kennt es die Regel nicht, so kann es durch Ausprobieren aber durchaus darauf stoßen, wenn es gerne Nachforschungen anstellt und bereit ist, verschiedene Wege zu beschreiten. Ermuntern Sie Ihr Kind zu einem solchen Verhalten. Vielleicht macht es auch Ihnen Freude, mit Ihrem Kind gemeinsam zu überlegen, welche Beziehung zwischen den Zahlen der Zahlenmauerbasis und der Zahl in der Spitze der Zahlenmauer besteht. Mathematische Probleme und Knobelaufgaben treten in der Schule immer weiter in den Vordergrund, anstatt eines übermäßigen Übens vorgegebener Rechenwege. Das Erstere fördert die Denkentwicklung Ihres Kindes, das Letztere aber nur die Beherrschung einer Fertigkeit.

9. a passt zu A; b passt zu D; c passt zu B; d passt zu C.

10. b ist größer. (Es setzt sich aus 5 Meterquadraten und 4 halben Meterquadraten zusammen. Das sind insgesamt 7 Meterquadrate. a setzt sich aus 4 Meterquadraten und 4 halben Meterquadraten zusammen. Das sind insgesamt nur 6 Meterquadrate.)

11.

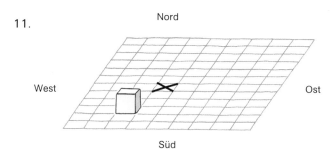

12. Netz b) ergibt nach dem Zusammenfalten einen Spielwürfel.

13.

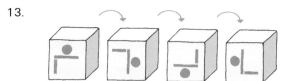

Tipps für Eltern zu den Aufgaben 9 bis 13 (Geometrie)

Liebe Eltern,

das Vorstellungsvermögen bei Kindern hängt von vielen Faktoren ab und kann entsprechend der festgestellten Schwierigkeit geschult werden. Sie haben aber in der Regel nicht die Möglichkeit, die Wahrnehmung Ihres Kindes genau zu diagnostizieren. Dennoch sind kleinere Hilfestellungen für Sie leicht durchzuführen. Haben sie Erfolg, ist das wunderbar. Andernfalls können auch Gespräche mit Fachleuten angebracht sein.

Hat Ihr Kind erhebliche Probleme bei Aufgabe 9, lassen Sie es das Aufgabenblatt drehen und aus verschiedenen Perspektiven betrachten. Weisen Sie es darauf hin, dass man die Figuren auch klappen kann und stellen Sie mit ihm ggf. die Formen a, b, c und d mit Klebeband und Blockzetteln her.

Bei Aufgabe 10 können Sie Ihrem Kind den Tipp geben, die gegenüberliegenden Strichansätze miteinander zu verbinden.

Bei Aufgabe 11 kann Ihr Kind die Wegstrecke mit einem Bleistift einzeichnen. Dann können Sie schnell sehen, wo es zum Fehler kommt und mit ihm darüber reden.
Wenn Ihr Kind Aufgabe 12 nicht eindeutig lösen kann, bauen Sie mit ihm die Netze nach und besprechen anschließend die entstandenen Würfel. Bei der letzten Aufgabe des geometrischen Bereiches, Aufgabe 13, kann ganz einfach das Drehen des Heftes helfen.

14. Frage: Wie viel Geld spart Marias Mutter?
Rechnung: $6 \cdot 4 \, € = 24 \, €$; $6 \cdot 10 \, ct = 60 \, ct$;
$24 \, € + 60 \, ct = 24 \, € \, 60 \, ct$ oder $24,60 \, €$.
$24,60 \, € - 23 \, € = 1,60 \, €$
Antwort: Marias Mutter spart 1,60 €.
(Auch für diese Aufgabe gibt es mehrere Lösungswege. Wenn du auf deinem Weg zum richtigen Ergebnis gekommen bist, ist das wunderbar!)

15.

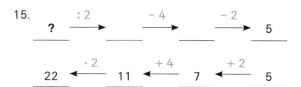

(zu 15.)
Antwort: In der Tüte waren ursprünglich 22 Bärchen.
(Wenn du die Lösung durch andere Überlegungen gefunden hast, ist das natürlich genauso gut!)

16.

	Poldi	Goldi	
1. Überlegung:	500 g	320 g	Unterschied 180 g
2. Überlegung:	410 g	410 g	Unterschied 0 g
3. Überlegung:	430 g	390 g	Unterschied 40 g, zusammen 820 g

Antwort: Goldi wiegt 390 g.
(Wenn du die Lösung durch andere Überlegungen gefunden hast, ist das natürlich genauso gut!)

17. Diese Antworten sind richtig:

☒ Das geht nicht. Herr Meier hat sich verrechnet. Er bekommt weniger als 15 Euro zurück.

50 € – 35,90 € = 14,10 €;

oder: 50 € = 5000 ct; 35,90 € = 3590 ct

```
    5000 ct   oder      ⁴ ⁹
                        5̶0̶00 ct
  – 3590 ct           – 3590 ct
  ───────  ¹ ¹        ───────
    1410 ct             1410 ct
```

☒ Das geht nicht, weil man auf eine solchen Betrag nicht nur mit 50-Cent-Münzen herausgeben kann. (Herr Meier erhält 14,10 € zurück. Wenn er, wie gewünscht, 5-Euro-Scheine bekommt, beträgt der Rest immer noch 4,10 €. Das können aber nicht nur 50-Cent-Stücke sein.)

Diese Antworten sind nicht richtig:

☐ Das geht nicht, weil der Kassierer keine 50-Cent-Münzen hat. (Niemand weiß, was der Kassierer an Scheinen und Münzen in seiner Kasse hat.)

☐ Das geht, weil der Kassierer genug 5-Euro-Scheine in seiner Kasse hat. (Niemand weiß, was der Kassierer an Scheinen und Münzen in seiner Kasse hat.)

18. a) Rechnung: 100 m + 100 m + 350 m + 150 m + 300 m = 1000 m

Falls du eine Skizze angefertigt hast, könnte die so aussehen:

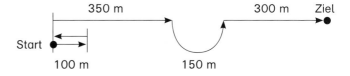

(Wenn du die Lösung durch andere Überlegungen gefunden hast, ist das natürlich genauso gut!)

Antwort: Maria ist 1000 m gegangen, bevor sie bei Lisa ankam.

b) Maria musste zusätzlich 200 m gehen (100 m hin und 100 m zurück wegen des Buches) und später noch einmal 150 m wegen der Baustelle. Zusammen sind das 350 m. 1000 m – 350 m = 650 m.

Antwort: Der kürzeste Weg von Maria zu Lisa beträgt 650 m.

Tipps für Eltern zu den Aufgaben 14 bis 18 (Sachrechnen / Textaufgaben)

Liebe Eltern,

manchmal sind bei Sachaufgaben Fragen zu finden oder zu formulieren. Für Kinder stellt das häufig eine besondere Schwierigkeit dar, weil sie oft schon mit dem Verständnis der Situation, die im Aufgabentext beschrieben ist, Probleme haben. Klären Sie dann mit Ihrem Kind Wörter ab, die es vielleicht nicht verstanden hat, oder lassen Sie es die Situation nachspielen. Überlegen Sie dann gemeinsam, was bei Aufgabe 14 Marias Mutter wohl dazu gebracht hat, das Sonderangebot zu nehmen.

Aufgaben, bei denen nacheinander mehrere Rechenschritte erfolgen, lassen sich mit Pfeilen anschaulich darstellen. Konnte Ihr Kind die Aufgabe 15 nicht lösen, weisen Sie es auf diese Möglichkeit hin. Dabei muss es aber beachten, dass sich die Rechenoperationen umkehren, wenn man entgegen der Pfeilrichtung arbeiten muss. Wenn Sie diese Aufgabenarten zusätzlich üben wollen, können Sie Ihrem Kind Zahlenrätsel stellen, die es auch wie oben beschrieben lösen kann. Z.B.

„Ich denke mir eine Zahl, addiere 5 hinzu, multipliziere dann mit 6 und erhalte 42. Wie heißt meine Zahl?"

Bei Aufgabe 16 gibt es viele Möglichkeiten zu einer Lösung zu kommen. So kann sich Ihr Kind – wie in der Aufgabe angeregt – probierend vortasten oder ebenfalls mit einer Tabelle anders beginnend zu einem richtigen Ergebnis kommen – oder ganz andere Wege beschreiten. Unterstützen Sie die Überlegungen Ihres Kindes. Wenn es sich mit einem Problem beschäftigt, kann es wichtige Erkenntnisse erlangen, die ihm verschlossen bleiben, wenn Sie einen Lösungsweg vorgeben.

Wenn es Ihnen gelingt, bei der Beschäftigung mit diesen Testaufgaben eine angenehme Arbeitsatmosphäre zu schaffen und, falls nötig, die Tipps sinnvoll einzusetzen, ist das vermutlich für Ihr Kind Motivation genug, sich ohne Anspannung mit den Aufgaben auseinanderzusetzen und eigene Wege zur Lösung auszuprobieren.

Lösungen mit Tipps für Eltern – Lernstandstest 3

1. $170 + 31 = 201 \rightarrow 201 + 22 = 223 \rightarrow$
   $223 - 11 = 212 \rightarrow 212 + 44 = 256 \rightarrow$
   $256 + 9 = 265 \rightarrow 265 + 29 = 294 \rightarrow$
   $294 - 68 = 196$

2. $\underline{523 + 476 = \cancel{989}}$ (999)
   $500 + 400 = 900$
   $\;\;20 + \;\;70 = \;\;\cancel{80}$ (90)
   $\;\;\;\,3 + \;\;\;\,6 = \;\;\;\,9$

   $\underline{123 - \;\;67 = \;\;\cancel{64}}$ (56)
   $\cancel{120} - \;\;60 = \;\;\cancel{60}$ (123 − 60 = 63)
   $\;\;\cancel{3} - \;\;\;\,7 = \;\;\;\cancel{4}$ (63 − 7 = 56) (3 − 7 geht nicht!)

   $\underline{359 + 486 = \cancel{727}}$ (845)
   $\;\;\;\,9 + \;\;\;\,6 = \;\;\cancel{14}$ (15)
   $\;\;50 + \;\;80 = \;\;\cancel{13}$ (130)
   $300 + 400 = 700$

   $\underline{300 - \;\;88 = \cancel{222}}$ (212)
   $300 - \;\;80 = 220$
   $\;\;\cancel{10} - \;\;\;\,8 = \;\;\;\;2$ (220 − 8 = 212)

   (Mit dem Ergebnis der ersten Subtraktion weiterrechnen!)

3. Die Zahl 4 bleibt übrig.

100	51	49	2	47

100	57	43	14	29

4. a) 900, 875, 850, 825, 800, 775, 750
   b) 4, 9, 16, 25, 36, 49, 64, 81, 100
   c) 6, 60, 12, 54, 18, 48, 24, 42, 30, 36, 36
   d) 111, 100, 89, 78, 67, 56, 45
   e) 24, 36, 60, 72, 96, 108, 132, 144, 168
   f) 1024, 512, 256, 128, 64, 32, 16, 8, 4, 2, 1

5. – Regel: immer die Hälfte — a b c d e ☒
   – Regel: immer abwechselnd
     + 12 und + 24 — a b c d ☒ f
   – Regel: immer 25 weniger — ☒ b c d e f
   – Regel: immer 11 weniger — a b c ☒ e f
   – Regel: Sechserreihe abwech-
     selnd vorwärts und
     rückwärts. — a b ☒ d e f
   – Regel: + 5, + 7, + 9, + 11 …
     Es sind die
     Quadratzahlen. — a ☒ c d e f

6. $160 : 2 = \;\;80$ $35 : 7 = \;\;\;5$ $144 - 12 = 132$
   $160 \cdot 2 = 320$ $35 : 5 = \;\;\;7$ $144 : 12 = \;\;12$
   $160 - 2 = 158$ $35 \cdot 7 = 245$ $144 + 12 = 156$
   $160 + 2 = 162$ $35 - 7 = \;\;28$ $144 \cdot \;\;\;2 = 288$

7. $243 = \square\square$ |||| ···
   $596 = \square\square\square\square\square$ ||||| |||| ······ ·
   $101 = \square$ ·
   $328 = \square\square\square$ || ······ ···
   $470 = \square\square\square\square$ ||||| ||

8. a) A

	376		
	188	188	
	95	93	95
49	46	47	48

   B

	380		
	188	192	
	93	95	97
46	47	48	49

   <u>Begründung:</u> Die Summe der beiden äußeren
   Steine ist gleich.
   49 + 46 = 95 und 47 + 48 = 95, deshalb haben
   alle äußeren Steine das gleiche Ergebnis. (Vielleicht hast du deine Begründung anders geschrieben. Wichtig ist aber deine Entdeckung, dass die
   Summe der äußeren Steine gleich ist, weil
   49 + 46 dasselbe ergibt wie 48 + 47.)

   b)

   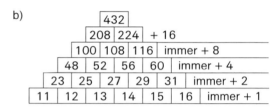

	432				
	208	224			+ 16
	100	108	116		immer + 8
	48	52	56	60	immer + 4
23	25	27	29	31	immer + 2
11	12	13	14	15	16 · immer + 1

9. $7 \cdot 14 = 98$

·	10	4
7	70	28
		98

   $8 \cdot 16 = 128$

·	10	6
8	80	48
		128

   $11 \cdot 9 = 99$

·	10	1
9	90	9
		99

   $15 \cdot 17 = 255$

·	10	7	
10	100	70	170
5	50	35	85
			255

   $13 \cdot 19 = 247$

·	10	9	
10	100	90	190
3	30	27	57
			247

Tipps für Eltern zu den Aufgaben 1 bis 9 (Arithmetik)

Liebe Eltern,

wie im richtigen Leben, so ist es auch in der Mathematik: Nichts von dem, was Kinder tun, ist unsinnig! Kinder machen nur selten „echte" Fehler. Meistens sind Fehler das Ergebnis unpassender oder gar falscher Strategien. Lassen Sie sich also immer erst von Ihrem Kind den Rechenweg erklären. Das Verbalisieren von Rechenwegen zeigt oft, an welcher Stelle ein Denkfehler vorliegt. Nehmen Sie nichts vorweg und erklären Sie Ihrem Kind keine neuen Rechenwege. Lassen Sie erklären und begründen, das schenkt Sicherheit. Sie haben danach Gelegenheit, gemeinsam mit Ihrem Kind den richtigen Rechenweg zu erarbeiten.

Ein weiterer wichtiger Aspekt bei der Bearbeitung von Tests ist die Zeit. Manche Kinder rechnen in kürzester Zeit alles richtig aus. Diese Kunst beherrschen etwa 2 % aller Kinder. In der Regel unterlaufen den „Schnellrechnern" die so genannten Flüchtigkeitsfehler. Wie in allen anderen Rechenbereichen ist es deshalb wichtig, sich die Aufgaben genau anzusehen und gründlich zu lesen. Das benötigt Zeit. Doch der Zeitaspekt ist zweitrangig, wenn es darum geht, dass Ihr Kind übt, in Testsituationen ruhig und konzentriert zu bleiben. Das Rechentempo Ihres Kindes wird ohnehin schneller, wenn es sicher und gelassen an die Aufgaben geht. Sollte der Lehrer oder die Lehrerin Sie darauf aufmerksam gemacht haben, dass Ihr Kind Aufgaben nicht schnell genug erledigt, können Sie mit Ihrem Kind auf angenehme und fröhliche Weise trainieren:
Rechnen Sie zum Beispiel um die Wette (benutzen Sie eine Eieruhr!) oder belohnen Sie Ihr Kind, wenn es eine Reihe des kleinen Einmaleins innerhalb von 2 Minuten aufsagen kann usw. Belohnung (nicht unbedingt eine materielle Belohnung) heißt für Kinder auch: ein gemeinsames Spiel, gemeinsam kuscheln ... oder Sie massieren Ihr Kind. Für die Bearbeitung der Aufgaben 1 bis 9 wird ein „Durchschnittsrechner" etwa 80 Minuten benötigen. Auch ein Zeitraum von 120 Minuten wäre völlig in Ordnung. Trotzdem sollten Sie Ihr Kind im dritten und vierten Schuljahr nicht länger als 45 Minuten konzentriert arbeiten lassen. Denken Sie außerdem immer an Pausen und Bewegung.

Bei den arithmetischen Aufgaben 1 bis 9 wurde getestet, wie fit Ihr Kind im Bereich Rechnen ist. Gegen Ende des dritten Schuljahres sollten sich Kinder im Zahlenraum bis 1000 orientieren können. Das bedeutet, dass sie sowohl eine Vorstellung von der Menge 1000 besitzen, als auch den Zahlenaufbau von 1 bis 1000 verstanden haben, und dass sie sich rechnerisch in diesem Raum bewegen können. Sie sollen die Grundrechenarten Addition, Subtraktion, Multiplikation und Division durchführen können. Die Orientierung im Tausenderraum und die Über- bzw. Unterschreitung der Hunderterzahlen (Aufgabe 1) sind wichtige „Standbeine" in Bezug auf das Verständnis des Zahlenaufbaus.

In Aufgabe 2 sollen Rechenfehler gefunden werden. Das dient dazu, auf typische Rechenfehler aufmerksam zu werden. Das Erkennen und Analysieren von Fehlern vereinfacht bei Kindern eine Selbstkontrolle, z.B. bei Klassenarbeiten. Rechnen Sie bei jeder sich bietenden Gelegenheit zusammen mit Ihrem Kind und bauen Sie Fehler ein. Es motiviert jedes Kind, auch einmal etwas besser zu können als seine Eltern!

Um Aufgabe 3 lösen zu können, muss Ihr Kind eine Rechenstrategie nachvollziehen: Die zweite Zahl wird von der ersten subtrahiert, im dritten Kästchen steht das Ergebnis dieser Rechnung. Im vierten Kästchen steht die Differenz zwischen Zahl 2 und 3, im fünften Kästchen wiederum die Differenz von Zahl 3 und 4. Diese Aufgabe stellt besondere Anforderungen. Sollte Ihr Kind hier Schwierigkeiten haben, kann es die Aufgabe auch zunächst auslassen und eine andere lösen. Aufgaben 4 und 5 testen die Fähigkeit, Rechenschritte nachzuvollziehen, auf einfachere Weise. In Aufgabe 6 zeigt sich, ob Ihr Kind sinnvoll mit den Rechenzeichen plus, minus, mal und geteilt umgehen kann. Andere Symbole (wie in Aufgabe 7) helfen Ihrem Kind zu verstehen, dass man im Deutschen zunächst die Einer und erst dann die Zehner benennt. Zusätzlich sieht es, wie die Zahlen über hundert aufgebaut sind. Ihr Kind sollte Zahlen zerlegen können, hierbei hilft die Visualisierung durch Symbole.
Bei Aufgabe 8 ergeben zwei benachbarte Steine die Summe des darüberliegenden Steines. Je nachdem an welcher Stelle der Mauer die Steine fehlen, ist man jedoch gezwungen, die Subtraktion anzuwenden (Aufgabe 8 b). Das Begründen mathematischer Phänomene und das Aufspüren von Gesetzmäßigkeiten scheint manchmal schwierig zu sein, wird aber in der heutigen Zeit und im Schulalltag immer wichtiger. Denn nur durch das Formulieren von angewendeten Strategien oder bestimmten Rechenwegen können sich diese sicher im Gehirn verankern.

10. Diese Aufgabe kann man auf unterschiedliche Weise lösen:

    – Durch Vergleichen der Felder oder Zählen der Kästchen. In beiden Feldern stecken 12 Kästchen. Die Felder besitzen also die gleiche Grundfläche.
    – Durch Addition der Kästchen:
    (zeilenweise) 6 + 6 = 12 oder auch (spaltenweise) 2 + 2 + 2 + 2 + 2 + 2 = 12 und 4 + 4 + 4 = 12 oder 3 + 3 + 3 + 3 = 12. Die Ergebnisse aller Rechnungen sind gleich.
    – Durch Multiplikation: 6 · 2 = 12 oder auch 2 · 6 = 12 und 3 · 4 = 12 oder 4 · 3 = 12.

    (Wenn du eine andere Möglichkeit gefunden hast, die zum gleichen Ergebnis führt, darfst du dir auf die Schulter klopfen!)

    Antwort: Sie brauchen für diese Fläche etwa 2 Stunden.

    Begründung: Sie brauchen die gleiche Zeit, weil die Flächen gleich groß sind.

11.

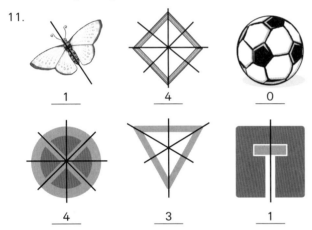

12.

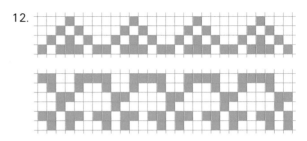

13. Aus b und d kann man einen Würfel bauen.

14.

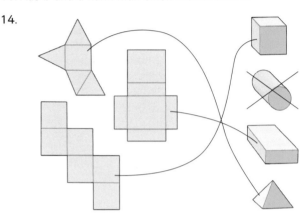

Tipps für Eltern zu den Aufgaben 10 bis 14 (Geometrie)

Liebe Eltern,

die Geometrie ist heute ein Teil des Mathematikunterrichts und wird leider oft als Stiefkind behandelt. Dabei bildete die Geometrie einst den Ursprung aller Mathematik. Es scheint unmöglich, Mathematik verstehen zu wollen, ohne über den Anfang nachzudenken. Besonders die Inhalte der Geometrie können im Alltag häufig geübt werden. Lassen Sie Ihr Kind nach Formen und Körpern suchen: Dreiecke, Rechtecke und Quadrate findet man überall. Geben Sie Ihrem Kind doch einmal den Auftrag, mit Kreide, einem Stock und einem Seil einen Kreis, ein Dreieck oder ein Quadrat auf den Boden zu malen. Sie werden mit ein wenig Geduld sehen, wie Ihr Kind den Ursprung aller geometrischer Gedanken selbst entdeckt. In diesem zweiten Teil des Tests werden Kenntnisse aus dem geometrischen Bereich überprüft.

Kann Ihr Kind Symbole visuell wahrnehmen und unterscheiden (Aufgabe 11 und 12)? Kann es Symmetrien erkennen (Aufgabe 11)? Ist es in der Lage, Muster zu zeichnen (Aufgabe 12)? Erkennt es Figuren und Körper und kann es sich diese räumlich vorstellen (Aufgaben 13 und 14)? Erkennt es Lagebeziehungen und kann es sie anwenden (Aufgaben 13 und 14)? All dies sind Kompetenzen, die sowohl in der Mathematik als auch im Alltag eine wichtige Rolle übernehmen. Wer nicht in der Lage ist, Symbole zu unterscheiden oder ein ungeübtes räumliches Vorstellungsvermögen besitzt, kann sich zum Beispiel nicht sicher im Straßenverkehr bewegen. Wir benutzen mit Absicht den Begriff „ungeübt", denn durch Übung lässt sich räumliches Denken auch noch im Erwachsenenalter deutlich verbessern.

15. Bei diesen Fragen kannst du die Antwort ausrechnen:
    a) Für wie viele Kinder muss er den Tisch decken?
       (11 – 2 = 9; 9 Gäste + Jörn = 10 Kinder, die am
       Tisch sitzen)
    b) Wie viele Schüler bekommen das Abzeichen?
       (765 – 52 = 713)
    c) Wie viele Kinder sind insgesamt im dritten Schul-
       jahr? (27 + 24 = 51) Und: Wie groß ist der Unter-
       schied zwischen den beiden Klassen?
       (27 – 24 = 3)

16. Rechnung:
    Schokolade + Butter + Kaffee
        100 g + 250 g + 500 g = 850 g
    oder 100 g + 250 g = 350 g,
        350 g + 500 g = 850 g
    oder 100 g + 500 g = 600 g;
        600 g + 250 g = 850 g
    oder   100 g
            250 g
          + 500 g
          ‾‾‾‾‾‾‾
            850 g
    (Hast du anders gerechnet, bist aber zum gleichen
    Ergebnis gekommen? Das gilt natürlich auch!)
    Antwort: Ich muss 850 g tragen.

17. Diese Antworten stimmen:
    [X] Wenn ich auf die Pommes verzichte, komme ich
        mit 5 € aus.
    [X] Ich lasse mich von meinem Freund zu einem Glas
        Wasser einladen, dann reichen 5 €.
    Hast du andere Antworten angekreuzt? Dann suche
    deinen Denkfehler:
    (Addiere zunächst alle Preise, um herauszufinden, wie
    viel du insgesamt ausgibst: Eintritt + Pommes + Ket-
    schup + Wasser. Dazu musst du alles in die gleiche
    Einheit umrechnen: 30 ct = 0,30 € und 90 ct = 0, 90 €)

    Rechnung 1:   Rechnung 2:
      3,50 €   5,90 €
      1,20 €   – 1,20 €
      0,30 €   ‾‾‾‾‾‾‾
    + 0,90 €   4,70 €
    ‾‾‾‾‾‾‾
      5,90 €

    Rechnung 3:   Rechnung 4:
      10,00 €   oder   ⁰ ⁹10,00 €   5,90 €
    – 5,90 €   –   5,90 €   – 0,90 €
    ‾‾‾‾‾‾‾   ‾‾‾‾‾‾‾   ‾‾‾‾‾‾‾
      4,10 €   4,10 €   5,00 €

    → Rechnung 1 beweist: Du brauchst genau 5,90 €.
      Mit 5 € kommst du also nicht aus.
    → Rechnung 2 zeigt, dass du mit 5 € auskommst,
      wenn du auf die Pommes verzichtest. Du kannst
      sogar noch 0,30 € sparen, weil du ohne die
      Pommes auch kein Ketschup brauchst
      (4,70 € – 0,30 € = 4, 20 €).
    → Rechnung 3 zeigt: Wenn du mit einem 10-Euro-
      Schein bezahlst, bekommst du 4,10 € zurück, also
      kannst du keinen 5-Euro-Schein zurückbekommen.
    → Rechnung 4: Wenn dein Freund das Wasser be-
      zahlt, kommst du genau mit 5 € aus.

18. Du musst umrechnen: Wie viele Tage entsprechen
    72 Stunden? Überlege: 1 Tag hat 24 Stunden,
    2 Tage haben 2 · 24 Stunden = 48 Stunden,
    3 Tage haben 3 · 24 Stunden = 72 Stunden.
    Oder rechne 72 Stunden : 24 Stunden = 3 (Tage).

    Diese Antworten stimmen:
    [X] Die Raupe wiegt nach 72 h mehr als vorher.
    [X] Die Raupe wird nach 36 h doppelt so groß sein.
        (Die Raupe wächst in 72 h insgesamt 17 cm: von
        8,5 cm auf 25,5 cm. Die Hälfte von von 72 h sind
        36 h, die Mitte zwischen 8,5 cm und 25,5 cm liegt
        bei 17 cm: 8,5 cm + 8,5 cm = 17 cm, 25,5 cm
        – 8,5 cm = 17cm)
    [X] Nach drei Tagen müsste die Raupe 25,5 cm lang
        geworden sein. (3 · 8,5 cm = 25, 5 cm, oder
        8,5 cm + 8,5 cm + 8,5 cm = 25,5 cm)
    [X] Wenn ich die Raupe nach dem Bad zum Trocknen
        in die Sonne lege, wird sie wieder kleiner. (Beim
        Trocknen verdunstet das Wasser, mit dem sich
        die Raupe vollgesogen hat. Deshalb schrumpft sie
        beim Trocknen!)

    Diese Antworten stimmen nicht:
    [ ] Die Raupe wächst zwar in der Länge, nimmt aber
        kein Gewicht zu, weil sie ja nicht essen kann. (Da
        die Raupe sich mit Wasser vollsaugt, um zu wach-
        sen, wiegt sie natürlich mehr als im trockenen Zu-
        stand.)
    [ ] Nach $2\frac{1}{2}$ Tagen wächst die Raupe nicht mehr. (In
        der Aufgabe steht, dass die Raupe 72 h wächst.
        72 h = 3 Tage.)

19. Bei dieser Aufgabe kannst du tüfteln, indem du die
    Menge 105 kg so lange verteilst, dass die beiden
    Mengen für Hannah und ihre Mutter den Bedingungen
    der Aufgabe entsprechen. Beispiel:

Hannahs Gewicht (in kg)	Gewicht der Mutter (in kg)
25	80
+ 5 kg	– 5 kg
30	75
Die Bedingung, dass Hannah die Hälfte der Mutter wiegt, ist nicht erfüllt, also rechnen wir weiter.	
+ 5 kg	– 5 kg
35	70
35 ist die Hälfte von 70, denn 35 · 2 = 70. Nun ist die Bedingung erfüllt!	

    (Wenn du auf anderem Weg zu diesem Ergebnis ge-
    kommen bist, ist das natürlich genauso gut!)
    Antwort: a) Hannah wiegt 35 kg.
             b) Die Mutter wiegt 70 kg.

20. Sören wird das Aquarium a) nehmen, weil es das ein-
    zige ist, das
    – doppelt so breit ist wie sein altes
      (60 cm · 2 = 120 cm, 120 cm = 1 m 20 cm);
    – Es ist außerdem genauso tief und hoch
      (40 cm = 4 dm).

Tipps für Eltern zu den Aufgaben 15 bis 20 (Sachrechnen / Textaufgaben)

Liebe Eltern,

im Bereich Sachrechnen / Textaufgaben ist vor allem die Fähigkeit gefordert, mathematisch beschriebene Spiel- und Sachsituationen zu verstehen. Die Tücke steckt dabei meist im Detail und eine Fehleranalyse ist oft nicht ganz einfach. Manche Kinder haben große Schwierigkeiten, Fragen für Sachaufgaben zu formulieren oder Rechnungen in Texten zu entdecken. Es ist deshalb sinnvoll, bei der Bearbeitung von Sachaufgaben auf die folgenden Grundprinzipien zu achten:

– Lassen Sie Ihr Kind den Text mehrmals aufmerksam lesen. Wer den Text nicht versteht, kann damit auch nicht rechnen.
– Wichtige Zahlen und Begriffe sollen im Text unterstrichen werden.
– Nicht sofort losrechnen, erst überlegen. Welche Rechnungen verstecken sich hinter den Begriffen? („Unterschied" bedeutet immer minus, „doppelt" heißt · 2, „Hälfte" bedeutet : 2, „insgesamt" heißt +).
– Die Antwort auf die Frage steckt meist in der Frage selbst. Z. B.: „Wie viel kostet es?" „Es kostet …" oder: „Wie lange dauert es?" „Es dauert …".
– Lassen Sie sich die Rechenwege genau erklären. So können Sie die angewendeten Strategien erkennen. Das Verbalisieren und Begründen spielt in der Schule eine zunehmend wichtigere Rolle.

Sachaufgaben müssen vor allem für Kinder einen Zusammenhang zu ihrer eigenen Welt haben, sonst verstehen sie die Aufgaben nicht. Sie können Ihrem Kind den Zugang zu solchen Aufgaben erleichtern, wenn Sie darauf achten, in welchen Bereichen Ihres Alltags sich Mathematik „versteckt". Sprechen Sie mit Ihrem Kind darüber, beim Einkaufen, beim Autofahren, im Zoo … Gelegenheiten finden sich immer und überall.

Bei Aufgabe 15 wird überprüft, ob Ihr Kind die Aufgabentexte in sinnvollen mathematischen Beziehungen sehen kann. In Aufgabe 16 findet sich außer „und" kein Hinweis auf eine Rechnung. Das bedeutet, dass Ihr Kind aufgrund dieses Wortes auf den Gedanken kommen muss, zu addieren.

Aufgaben 17 und 18: Hier sind mögliche Antworten vorgegeben und es ist vor allem aufmerksames Lesen und logisches Denken gefordert. Erfahrungen aus der Lebenswelt des Kindes müssen in die Gedankengänge integriert und erlerntes Sachwissen angewandt werden. Auch dies gehört zur Mathematik. Verschiedene Rechenwege sind auch hierbei denkbar. Allerdings muss immer addiert werden, auch muss darauf geachtet werden, nur in einer Einheit, also entweder Cent oder Euro zu rechnen.

Aufgabe 19 ist eine Aufgabe, die Anforderung an Logik und Ausdauer stellt. Viele Kinder haben mit diesem Aufgabentyp Probleme. Sollte Ihr Kind sich an dieser Aufgabe festbeißen und zu keiner richtigen Lösung kommen, ist das nicht weiter tragisch. Hier werden hohe Anforderungen gestellt. Freuen Sie sich, wenn Ihr Kind die Lösung dennoch alleine findet, denn dadurch zeigt es, dass es die Zahlenzerlegung beherrscht und logisch denken kann.

Bei Aufgabe 20 geht es um die Anwendung der Größen Länge und Volumen und der Beziehung zwischen diesen beiden. Durch den Text werden einige Bedingungen definiert, die mithilfe der Zeichnung auf „erfüllt" bzw. „nicht erfüllt" überprüft werden müssen. Zusätzlich fordert diese Aufgabe räumliches Vorstellungsvermögen.

Lösungen mit Tipps für Eltern – Lernstandstest 4

1. $46 + 88 = 88 + 46$
(Tauschgesetz)

$46 + 88 = 50 + 84$
(Addition: auf einer Seite dazunehmen, auf der anderen abziehen.
erste Zahl + 4; zweite Zahl – 4)

$46 + 88 = 44 + 90$
(erste Zahl – 2, zweite Zahl + 2)

$367 – 71 = 366 – 70$
(Subtraktion: auf beiden Seiten gleich viel wegnehmen)

$367 – 71 = 360 – 64$
(erste Zahl – 7; zweite Zahl – 7)

$367 – 71 = 370 – 74$
(auf beiden Seiten gleich viel dazurechnen:
erste Zahl + 3, zweite Zahl + 3)

2. $375 + 328 = 703$
$475 + 238 = 713$
$575 + 148 = 723$
$675 + 58 = 733$

$784 – 204 = 580$
$684 – 254 = 430$
$584 – 304 = 280$
$484 – 354 = 130$

3. Die kleinste Zahl ist 357, die größte ist 975. Den Unterschied findest du durch Subtrahieren heraus:

$$\begin{array}{r} 975 \\ -\ 357 \\ \hline 618 \end{array}$$

oder:

$$\begin{array}{r} 9\overset{6}{\cancel{7}}5 \\ -\ 357 \\ \hline \overset{1}{}618 \end{array}$$

oder:

$975 – 357 = 618$
$975 – 300 = 675$
$675 – 50 = 625$
$625 – 7 = 618$

Der Unterschied beträgt 618.

4. Ob eine Zahl ohne Rest durch 9 teilbar ist, kannst du feststellen, wenn du die Quersumme der Zahl ausrechnest. Du musst also jede Ziffer der Zahl addieren: Aus 324 wird $3 + 2 + 4 = 9$ ➞ 324 ist durch 9 teilbar.

Aus 738 wird $7 + 3 + 8 = 18$; $1 + 8 = 9$ ➞ 738 ist durch 9 teilbar.

Aus 111 wird $1 + 1 + 1 = 3$; ➞ 111 ist **nicht** ohne Rest durch 9 teilbar.

Die durch 9 teilbaren Zahlen sind also:

324, 504, 738, 621, 279 und 108.

5. Du musst beim Rechnen an diese beiden Regeln denken:

1. Punktrechnung (· und :) geht vor Strichrechnung (+ und −).
2. Klammern werden immer zuerst ausgerechnet.

a) $7 + 8 \cdot 2 + 3 = 26$

$8 \cdot 2$	$= 16$	
$7 + 16$	$= 23$	oder: $16 + 3 = 19$
$23 + 3$	$= 26$	$19 + 7 = 26$

oder: $7 + 16 + 3 = 26$

b) $7 \cdot 8 - 2 \cdot 3 = 50$

$7 \cdot 8$	$= 56$
$2 \cdot 3$	$= 6$
$56 - 6$	$= 50$

c) $7 \cdot (8 - 2) \cdot 3 = 126$

$8 - 2$	$= 6$	
$7 \cdot 6$	$= 42$	oder: $6 \cdot 3 = 18$
$42 \cdot 3$	$= 126$	$18 \cdot 7 = 126$

d) $7 \cdot (8 - 2) : 3 = 14$

$8 - 2$	$= 6$	
$7 \cdot 6$	$= 42$	oder: $6 : 3 = 2$
$42 : 3$	$= 14$	$7 \cdot 2 = 14$

e) $3 \cdot 7 \cdot (8 - 2) = 126$

$8 - 2$	$= 6$	
$3 \cdot 7$	$= 21$	oder: $7 \cdot 6 = 42$
$21 \cdot 6$	$= 126$	$42 \cdot 3 = 126$

Begründung: In den Aufgaben c) und e) ist nur die Reihenfolge der Zahlen verändert worden. Die Zahlenwerte sind gleich. Da man Klammern immer zuerst ausrechnen muss, ergibt sich hier immer die Zahl 6. Dann muss nur noch malgenommen (multipliziert) werden. Bei der Multiplikation ist es gleichgültig, in welcher Reihenfolge man rechnet (Tauschregel: $3 \cdot 7 = 7 \cdot 3$).

(Wenn du deine Begründung anders geschrieben hast, aber die Ergebnisse mit der Klammer- und der Tauschregel begründest, ist das auch in Ordnung!)

6.

90 min	$>$	1 h 20 min
35 cm	$>$	0,35 dm
5,05 €	$<$	550 ct
250 g	$=$	$\frac{1}{4}$ kg

250 min	$>$	$2\frac{1}{2}$ h
500 m	$<$	1,2 km
250 ct	$=$	2,50 €
500 g	$<$	$\frac{3}{4}$ kg

Tipps für Eltern zu den Aufgaben 1 bis 6 (Arithmetik)

Liebe Eltern,

der Bereich Kopfrechnen spielt bei der Lösung aller mathematischer Aufgaben eine nicht zu unterschätzende Rolle. Dabei müssen vor allem Plus- und Minusaufgaben im Zahlenraum bis 20 und das kleine Einmaleins sitzen. Wer diese Aufgaben aus dem „eff-eff" beherrscht, kann seine Rechengeschwindigkeit sehr verbessern. Logik und Strategie sind die anderen Elemente, die ein erfolgreiches mathematisches Arbeiten garantieren. Die Lernstandstests in Schulen sollen Aufschluss darüber geben, inwiefern Kinder in der Lage sind, verbindliche Anforderungen zu erfüllen. Wenn Sie möchten, dass Ihr Kind hierbei gut abschneidet und erfolgreich weiterlernt, können Sie darauf achten, in spielerischer Form immer wieder die Basiskompetenzen (Plus- und Minusaufgaben bis 20 und das kleine Einmaleins) zu fördern. Einige Gesellschaftsspiele helfen hierbei, wie zum Beispiel „Kniffel". Im Restaurant kann man Kinder gut damit beschäftigen, die Rechnungssumme auszurechnen, bevor der Kellner kommt. Lassen Sie im Supermarkt überschlagen, wie viel Sie bezahlen müssen. Auch das Bezahlen kann man den Kindern überlassen, damit sie nachrechnen müssen, ob das Wechselgeld stimmt. Mit ständiger Übung können Sie so die Rechengeschwindigkeit Ihres Kindes erheblich steigern. Allerdings sollte Ihrem Kind die Notwendigkeit des schnellen Rechnens offensichtlich sein. Das Einfordern von Rechnungen sollte nie als Strapaze, sondern als wichtige, verantwortungsvolle und notwendige Tätigkeit erkannt werden. Vorurteile wie z.B. „Ich habe Mathe auch nie verstanden" oder „Mädchen können besser Deutsch" sollten Sie möglichst vermeiden, wenn Sie der (mathematischen) Karriere Ihrer Kinder nicht ein frühzeitiges Ende bereiten wollen. Der Glaube daran, dass Mathematik kein Buch mit sieben Siegeln ist, sondern mit Forschen und Entdecken zu tun hat, versetzt oft Berge!

(Übrigens gibt es auch sehr berühmte und erfolgreiche Mathematikerinnen: So scharte Pythagoras einige Wissenschaftlerinnen um sich, die zwar nie bekannt wurden, dennoch wesentlich an der Forschung beteiligt waren. Wenn Sie sich weiter informieren wollen, schlagen Sie doch einmal diese Namen nach: Hypathia, Maria Agnesi, Sophie Germain, Ada Lovelace, Sofia Kovalevskaya).

Anhand der Ergebnisse von Aufgabe 1 und 2 können Sie erkennen, ob sich Ihr Kind sicher im Zahlenraum bis 1000 bewegt und ob es ein Verständnis für die Zerlegung von Zahlen und Mengen entwickelt hat. Bearbeitet Ihr Kind diese Aufgaben recht zügig (in bis zu 5 Minuten), zeigt es dadurch, dass es eine sehr sichere Vorstellung vom Zahlenraum bis 1000 hat.

In Aufgabe 3 weist der Begriff „Unterschied" auf eine Minusaufgabe hin. Diese Bezeichnung sollte Ihr Kind kennen und selbstständig anwenden können.

Bei Aufgabe 4 geht es darum, erlerntes Wissen auch längerfristig zur Verfügung zu haben und anzuwenden. Eine der für Kinder einprägsamsten Regeln ist die Teilbarkeit durch 9. Bei dieser Aufgabe muss sich Ihr Kind an diese Regel erinnern, dann löst es die Aufgabe zügig (etwa innerhalb von 2 Minuten). Kann es diese Regel nicht abru-

fen, wird es diese Aufgabe wesentlich langsamer lösen, weil es jede Zahl zunächst durch 9 teilen wird. Diese Aufgabe bereitet zusätzlich behutsam auf die nächste vor:

Aufgabe 5 weckt in vielen Erwachsenen vielleicht schlechte Erinnerungen. Aber auch hier gilt: Mathematische Regeln müssen bedacht werden, will man zur richtigen Lösung kommen. Erinnern Sie Ihr Kind immer wieder an diese Gesetze, zum Beispiel beim Einkaufen. Nehmen wir an, Sie kaufen vier Viererpackungen Erdbeerjoghurt und drei Viererpackungen Vanillejoghurt ein. Ihr Kind könnte ausrechnen, wie viele Joghurtbecher im Wagen sind. Die dazu passende Rechnung wäre: $4 \cdot 4 + 3 \cdot 4 = 16 + 12 = 28$ (Punktrechnung geht vor Strichrechnung).

Ebenso wichtig ist der Umgang mit den Zeichen > (größer), < (kleiner), und = . Aufgabe 6 testet, ob Ihr Kind im Umgang mit Größen sicher ist.

7. Die Würfel zeigen diese Augenzahlen:

Zwei Forderungen müssen erfüllt sein: Die Summe ist das Ergebnis einer Addition. Da die Summe 9 ist, kommen zunächst nur diese Augenzahlen in Betracht: 6 und 3 oder 5 und 4, denn $6 + 3 = 9$ und $4 + 5 = 9$. Das Produkt bezeichnet das Ergebnis einer Multiplikation. Da $6 \cdot 3 = 18$ ist, kann die richtige Lösung nur 4 und 5 sein, denn $4 \cdot 5 = 20$.

8. a) Ich brauche 14 Kugeln. (9 Kugeln (erste Ebene) + 4 Kugeln (zweite Ebene) + 1 Kugel (dritte Ebene) = insgesamt 14 Kugeln)

b) Ich brauche 30 Kugeln. (b) ist ein Stockwerk höher als a), die untere Ebene hat $4 \cdot 4 = 16$ Kugeln. Also $14 + 16 = 30$ Kugeln.)

c) Ich brauche 55 Kugeln. (Wieder eine Etage mehr: die unterste Ebene hat $5 \cdot 5 = 25$ Kugeln. Also $30 + 25 = 55$ Kugeln.)

9.

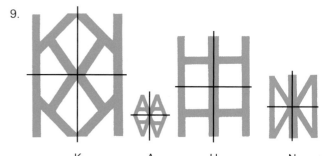

K   A   H   N

10. Marvin hat B und D umgelegt.
Maja hat B, D, E und G umgelegt.

11. a) 16 Meter:

b) 16 Meter, c) 18 Meter, d) 14 Meter,
e) 18 Meter, f) 20 Meter

Tipps für Eltern zu den Aufgaben 7 bis 11 (Geometrie)

Liebe Eltern,

Geometrie bedeutet: gezielt wahrnehmen, genau hinschauen, sauber zeichnen, räumliches Vorstellungsvermögen und logisches Denken. Sie können diese Fähigkeiten bei Ihrem Kind fördern, indem Sie „optische Täuschungen" anbieten, z.B. Labyrinthe, bei denen ein Weg gefunden werden muss, Bilder, in denen Fehler gefunden werden müssen usw. Die Möglichkeiten der Förderung im Bereich der Geometrie kennt keine Grenzen. Kinder, die hier Schwierigkeiten haben, die Lösungen zu erarbeiten, weisen manchmal Wahrnehmungsschwächen auf. Aber auch diese lassen sich durch ein gezieltes Wahrnehmungs- und Beobachtungstraining meistens „bekämpfen". Sie könnten hier z.B. so vorgehen: Spiele wie z.B. „Ich sehe was, was du nicht siehst" eignen sich hervorragend, um die Wahrnehmungsfähigkeit zu verbessern. Auch Fehlersuchbilder oder die zeichnerische Fortsetzung von Mustern, wie man sie in vielen Kinderzeitschriften findet, bieten sich an.
Sollte sich dennoch keine deutliche Verbesserung zeigen, lassen Sie die Wahrnehmungsfähigkeit Ihres Kindes einmal vom Kinderarzt testen: Er hat geeignete Tests, mit denen er Ihrem Kind helfen kann. Denken Sie daran: Die Ursache für „mathematisches Unvermögen" liegt in den seltensten Fällen in Faulheit oder Nicht-Wollen.

Begriffe wie „Summe" und „Produkt", wie sie in Aufgabe 7 gefordert sind, sollte Ihr Kind kennen. Sie tauchen immer wieder auf und geben Hinweise auf die durchzuführende Rechnung (Addition und Multiplikation).

Aufgabe 8 testet das räumliche Vorstellungsvermögen. Dadurch, dass nicht alle Kugeln sichtbar sind, ist Ihr Kind gefordert, mathematisches Basiswissen anzuwenden und zu übertragen. Ihr Kind kennt Aufgaben wie diese, oft auch mit Quadern statt mit Kugeln. Es weiß, dass man die Anzahl der Würfel in einer Ebene mit der Rechnung Länge mal Breite herausbekommen kann (obwohl es diese Begriffe vermutlich nicht verwenden wird). Dieses Grundwissen muss nun auf die Kugeln übertragen werden.

Aufgabe 9 testet Fertigkeiten im Bereich der Symmetrie. Nimmt Ihr Kind Symmetrien wahr? Kann es Spiegelungen entzerren? Spiegelungen zu zeichnen fällt den meisten Kindern leicht. Das gilt meistens nicht für das Wiedererkennen vertrauter Bilder in gespiegelter Form. Versuchen Sie auch selbst die Aufgabe zu lösen! (Das erste und das letzte Bild sind übrigens am schwierigsten.) Lassen Sie Ihr Kind mit einem kleinen Blatt Papier ausprobieren, alle möglichen Spiegelungen abzudecken, um die Grundform sehen zu können. Geometrie und der Umgang mit Größen müssen BE-GRIFFEN (also angefasst) werden, um sich im kindlichen Gehirn fest zu verankern.

Das Gleiche gilt für Aufgabe 10. Kann Ihr Kind die Aufgabe nicht auf Papier lösen, dann lassen Sie es diese **mit** Papier lösen. Zerschneiden Sie ruhig einmal ein Quadrat, um die Aufteilung in Dreiecke sichtbar zu machen. Vielleicht hat Ihr Kind dann sogar Lust, eigene Figuren zu legen oder mit Ihnen ein Ratespiel zu spielen, welche Dreiecke umgelegt wurden.

In Aufgabe 11 hingegen geht es darum zu erkennen, dass Fläche nicht gleich Umfang ist.

---

12. Die richtige Antwort ist:

- [X] Die Gläser sind im Verhältnis zu ihrem Inhalt gleich preiswert.
  (Denn: In dem kleinen Glas sind 300 g. In dem großen Glas 3-mal so viel: $300 \text{ g} \cdot 3 = 900 \text{ g}$ oder $300 \text{ g} + 300 \text{ g} + 300 \text{ g} = 900 \text{ g}$.
  Das kleine Glas A kostet 1,63 €.
  $3 \cdot 1,63 \text{ € } = 4,89 \text{ €}$,
  also kostet es genauso viel wie Glas B.)

Rechnung:

$3 \cdot 1,63 \text{ € } = 4,89 \text{ €}$ oder:

$3 \cdot 1,00 \text{ € } = 3,00 \text{ €}$	$1,63 \text{ €}$
$3 \cdot 0,60 \text{ € } = 1,80 \text{ €}$	$1,63 \text{ €}$
$3 \cdot 0,03 \text{ € } = \underline{0,09 \text{ €}}$	$+ 1,63 \text{ €}$
$4,89 \text{ €}$	$\underline{ 1}$
	$4,89 \text{ €}$

13. Diese Aufgaben kannst du ausrechnen:

- [X] In einem Jahr bekommt jedes dieser Kinder 156 €.
  (Ein Jahr hat 52 Wochen: $52 \cdot 3 \text{ € } = 156 \text{ €}$)
- [X] Insgesamt bekommen sie 21 € pro Woche.
  (So viele Kinder bekommen Taschengeld: $28 : 4 = 7;\ 7 \cdot 3 \text{ € } = 21 \text{ €}$)
- [X] Zusammen bekommen sie in einem Jahr 1092 €.

$$156 \text{ € } \cdot 7 = 1092 \text{ €}$$

$6 \text{ € } \cdot 7 =$	42 €
$50 \text{ € } \cdot 7 =$	350 €
$100 \text{ € } \cdot 7 =$	$\underline{700 \text{ €}}$
	$\overset{1}{}$
	1092 €

Diese Antworten kannst du **nicht** ausrechnen:

- [ ] 3 € pro Woche ist viel zu wenig. (Die Antwort passt nicht zur Aufgabe!)
- [ ] Wie viel Taschengeld bekommen die anderen 21 Kinder? (Das ist eine Frage und keine Antwort.)

14. a) Rechnung: Du weißt, dass der Sohn 3 Jahre alt war, als die Schwester geboren worden ist. Jetzt ist er doppelt so alt wie sie, er kann also nur $2 \cdot 3 = 6$ Jahre alt sein, die Schwester muss 3 Jahre alt sein. Zusammen sind sie 9 Jahre alt. Da die Familie zusammen 77 Jahre alt ist und die Kinder zusammen 9 Jahre, müssen die Eltern zusammen $77 - 9 = 68$ Jahre sein. $68 : 2 = 34$.

Antwort: Die Tochter ist 3 Jahre alt. Der Sohn ist 6 Jahre alt. Die Mutter und der Vater sind beide 34 Jahre alt.

b) Alle werden bis zum nächsten Jahr ein Jahr älter: $77 + 4 = 81$

Antwort: Im nächsten Jahr sind sie zusammen 81 Jahre alt.

15. Frage: Wie viele £ bekommt er? Oder: Wie viele £ bekommt er für sein Geld? Oder: Wie viele £ bekommt er für 125 €? (Deine Frage kann anders formuliert sein. Es ist aber wichtig, dass du danach fragst, wie viele £ Till bekommt.)

Rechnung:

Im Text bekommst du einen Hinweis darauf, dass 100 € etwa £ £ wert sind.

Till hat 25 r als 100 €. 25 sind $\frac{1}{4}$ von 100 $(100 : 4 = 2$

Also: $100 + \frac{1}{4}$ undert (25) = 125

$\frac{1}{4}$ von 60 sind 15 $(60 : 4 = 15)$

$60 £ + 15 £ = 75 £$

Antwort (muss jeweils zur Frage passen): Till bekommt 75 £. Oder: Till bekommt 75 £ für sein Geld. Oder: Till bekommt 75 £ für 125 €.

Tipps für Eltern zu den Aufgaben 12 bis 15 (Sachrechnen / Textaufgaben)

Liebe Eltern,

im Umgang mit Größen (wie Längen, Geld oder Gewichten) und mit Sachaufgaben / Textaufgaben ist die Erfahrung die wichtigste Grundlage. Von einem Kind, das noch nie darauf geachtet hat, wie teuer, lang oder schwer etwas ist, kann man nicht erwarten, dass es sicher mit den Einheiten umgeht. Auch das Schätzen spielt in diesem Bereich eine große Rolle. Fragen Sie beim Spaziergang ruhig einmal: „Was denkst du, wie lang war die Strecke, die wir gelaufen sind?" oder „Wie lange haben wir für … gebraucht?" Die Überprüfung solcher Fragen bietet hier unersetzliche Übungsmöglichkeiten, die man in der Schule nur bedingt anwenden kann. Zusätzlich unterstützen Fragen dieser und ähnlicher Art die Einsicht Ihres Kindes bezüglich der Fragen- und Antwortenformulierungen bei Sachaufgaben. Viele Kinder haben große Schwierigkeiten damit, sinnvolle Fragen und Antworten zu formulieren, weil sich Rechenwege in ihrem Kopf meistens relativ unbewusst abspielen. Sachaufgaben zu lösen bedeutet auch, Rechen- und Lösungswege zu reflektieren und zu verbalisieren. Dies ist ein hoher Anspruch an 8- bis 10-jährige Kinder. Aber auch hierbei gilt: Übung macht den Meister! Falsche Denkweisen gibt es nicht, wohl aber Irrwege. Lassen Sie sich auch bei Fehlern beschreiben, warum Ihr Kind gerade diesen Weg ausgewählt hat, um herauszufinden, wo es in eine gedankliche Sackgasse gelaufen ist. Versuchen Sie, Ihr Kind behutsam und Schritt für Schritt auf den richtigen Weg zu bringen. Mathematik bedeutet auch, aus Fehlern zu lernen.

Aufgabe 12 soll das Verhältnis zwischen Menge und Preis verdeutlichen. Sind größere Packungen wirklich immer günstiger? Vielleicht ist Ihr Kind noch nicht darauf aufmerksam geworden, dass manche Dinge im Verhältnis zu etwas stehen. Das äußert sich meistens in völligem Unverständnis solcher und ähnlicher Aufgaben. Lassen Sie Ihr Kind auf Entdeckungsreise gehen: In welchem Verhältnis stehen Größen wie Liter, Volumen, Menge, Preis, Länge, Breite …? Lassen Sie es umfüllen, abwiegen, schütten. Im Bereich Größen kann man sicher rechnen, wenn man oft genug mit ihnen umgegangen ist. Kinder lassen sich durch viele Zahlen in einem Text leicht verwirren und verlieren dann den Blick für das Wesentliche. Lassen Sie deshalb wichtige Begriffe in Sachaufgaben unterstreichen. Das hilft, den Überblick zu behalten!

Aufgabe 14 stellt eine besondere Herausforderung dar. Sie zu lösen fordert Ausdauer und „Tüftlerwille". Schön, wenn sich Ihr Kind nicht so leicht ins Boxhorn jagen lässt. Das zeigt, dass es Spaß an Mathematik hat, ausdauernd arbeiten kann und einen feinen Sinn für Logik besitzt.

In Aufgabe 15 stehen die verschiedenen Währungen in einem bestimmten Verhältnis zueinander. Dies muss ein Kind erst einmal verstehen, wenn es sich auf einen Lösungsweg machen möchte. Anhand der formulierten Frage können Sie meistens schon erkennen, ob der Lösungsweg in die richtige Richtung weist. Auf die Idee, dass 25 € genau $\frac{1}{4}$ von Hundert entspricht, kommen die meisten Kinder sehr schnell. Dass sie deshalb auch $\frac{1}{4}$ von 60 ausrechnen müssen, ist für viele schwer zu verstehen. Vollzieht Ihr Kind diesen Gedankengang nicht, dürfen Sie helfen. Machen Sie darauf aufmerksam, dass 25 ein Viertel von 100 ist. Warten Sie ab, ob Ihr Kind nun alleine weiterrechnet. Wenn nicht, darf auch hier nochmals ein Tipp erfolgen!